josé andrés
vamos a cocinar

D1612822

josé andrés

vamos
a cocinar

las mejores recetas
del programa de  **tve**

⊕ Planeta

© José Andrés, 2007
© TVE Comercial, 2007
© Editorial Planeta, S. A., 2007
  Diagonal, 662-664,
  08034 Barcelona (España)

Ilustraciones del interior:
Francesc Guillamet (páginas:
3, 6, 8, 10, 11, 12, 13, 15, 19, 21, 25,
27, 30, 31, 32, 35, 82, 92, 103,
109, 112, 115, 120, 140, 141, 147,
157, 161, 175, 185, 191, 196, 197,
199, 212, 214, 215, 217, 231, 242,
243) y Xavier Cervera
(páginas: 4, 7, 27, 39, 55, 73, 87,
95, 97, 117, 131, 149, 163, 189, 201,
209, 223, 234)
Primera edición: marzo
de 2007

Depósito Legal:
B. 5.134-2007
ISBN 978-84-08-07036-8

Edición y coordinación
editorial: Serveis Editorials
Víctor Igual, S. L.
Diseño y maquetación:
Malaidea para Serveis
Editorials Víctor Igual, S. L.
Fotomecánica: Víctor Igual, S. L.

Impreso y encuadernado por:
Industrias Gráficas Mármol, S. L.

Printed in Spain -
Impreso en España

sumario

prólogo

Con gran ilusión, un día me fui de España para formarme y trabajar en lo que desde muy jovencito había sido una de mis grandes pasiones: la cocina. Me afinqué en Estados Unidos y, sin perder mis raíces, me he dedicado a difundir por el mundo nuestra rica y variada gastronomía, pero hace dos años se cruzó en mi camino una gran oportunidad para volver a mi país y hacer algo muy complicado para mí: ser «profeta en mi tierra» a través de una aventura televisiva en forma de programa de cocina.

Esta aventura jamás hubiera sido posible sin la ayuda de muchísimas personas que me han apoyado en esta difícil andadura, ya que era la primera vez que me ponía delante de una cámara ante una audiencia que no sabía cómo iba a recibirme. Y todo era aún más complicado para mí porque os aseguro que no es nada fácil estar en España y en Estados Unidos casi a la vez...

Espero no dejarme a nadie, ya que es mucha la gente que ha hecho posible que hayamos estado juntos todo este tiempo, vosotros detrás de la cámara y yo delante de ella cocinando. Si algo quiero resaltar es esa complicidad con todos vosotros, la audiencia, que ha conseguido que me sienta como en casa. Por todo ello, quiero daros las gracias, sin olvidarme de los más pequeños de la casa, que muchas veces me han sorprendido haciéndome saber su interés por este apasionante mundo de la cocina.

Mención especial merecen los Duendecitos, que con su magia me ayudan más de lo que ellos piensan...

Gracias sobre todo a Miguel Ángel Bernardeau, quien puso a mi disposición un gran equipo humano y técnico, pues sin su inestimable ayuda y apoyo hubiera sido imposible realizar esta aventura tan importante para mí como es la Televisión. Y gracias, sobre todo, por ser un gran amigo.

A Ana Duato por ser la primera invitada que «se atrevió» a venir al programa. Y por cuidar de mí tantas veces.

A Imanol Arias por jalearme...

A Agustín por ser mi primer director y saborear la comida con tanto gusto y a Rafa y Manuel por ser el segundo y tercero respectivamente.

A Alicia Hermida, que me tendió una mano cuando di «mis primeros pasos» y me enseñó a decir «mis primeras palabras» mirando a una cámara...

A Conchi, por ser siempre tan buena amiga y «mucho más».

A los «legales», Pablo García y José Antonio Suárez, por guiarme.

A Laura y Usillos, que me ayudaron a arrancar el primer programa que grabé... «el piloto».

A Antonio, las Maria y Mónica... «Los Girasoles», por ser mi «tarjeta de presentación» en cada programa.

A Fulgen, Tote y Felipe, que acudieron cuando se les llamó.

A los que diseñaron y construyeron «mi casa televisiva», Roberto, Manolo, los Germanes, José y los Juan Carlos.

A Celso, Kincho, Kike, Alberto y Eva por haber conseguido sacarme algún plano.

A Daniel, Ernesto, Luis y José Manuel por haber ayudado a los que han sacado esos planos míos...

A Pablis, Javi, Antonio, Nacho, Salva, Juan Carlos y a todos los que consiguieron y consiguen que me oigáis. A los Pepes y Lucas, que intentan que todo esté bajo control.

A Isaac y Miguel, que realizaron muchas veces lo irrealizable.

A Alicia, Clarisa, Míriam y Patricia por haber tenido cada cosa en su sitio y un sitio para cada cosa.

A Arancha, Fausto, Javi, Pablo, Marga y Ana, ese equipo de producción que todavía me cuesta entender cómo lo hacen...

A Juanan, Ángel, Álvaro, Carlos, Fernando y Enrique porque gracias a ellos se hace la luz en cada rodaje.

A las que se empeñan en que salga guapo en cada programa, Carla, Pili y Mena. ¡Qué camisas!

A Antonio, Jesús y Ruth por luchar incansablemente por poner orden en cada grabación.

A Montse y Marta porque nunca hay detalle que se les escape.

Al «Ojo que todo lo ve»... El Zorro.

A Tonino y a Juanjo por haber escrito folios y folios sin morir en el intento.

A Susana por haberme ayudado a invitar a tanta gente estupenda a «mi casa» y por poner la nota de color cuando todo parecía gris.

A los que completaron y completan el puzzle de cada programa, José, Joaquín, Alicia, Esperanza, Mario, José Luis, Ana Isabel, Mercedes, Raquel y Sergio.

A José Triana, Nuria y Almudena por representarme.

A Pepe, a Rubén y a sus «secuaces» porque han conseguido que no me pierda nunca por el camino para llegar a «mi casa».

A Esperanza, Belén, Beatriz y Chus, equipo fantástico y «fantasma» de administración porque están aunque nadie las vea...

A todos los que en Televisión Española creyeron en mí. Sobre todo a «Ronqui» y a Begoña.

A «mis cinco sentidos» (aunque sean más de cinco), Rubén, Hugo, Ramón, Nacho, Sergio, Ángel y Michel porque ¿qué hubiera sido sin ellos?

A El Combolinga por ponerle música a mi vida y al programa.

A El Gran Wyoming y a Natalia por haber sido tan buenos amigos y por haberme guiado tan bien. A Santiago Segura, Pablo Carbonell, Fernando Trueba y Cristina por haberme hecho sentir en casa en Madrid.

A todos los invitados que han pasado por mi casa. Gracias por haberme apoyado. A mi amigo Pepe Chamorro por cuidarme tanto. Y a los restaurantes La Tasquita de Enfrente, El cisne azul, Sacha y Combarro en Madrid por darme de comer tan bien tantas veces.

A toda la familia de El Bulli y a Ferran y Albert Adrià y Juli Soler por ser siempre inspiración infinita y generosa. A todo mi equipo en Washington D. C. A todos ellos porque sin su apoyo no tendría los maravillosos restaurantes que tengo.

A todos mis amigos en España. En especial a los que he conocido en Estados Unidos y ahora están de regreso en nuestro país. Aunque no tenga ni tiempo de veros, siempre os llevo en el recuerdo.

A toda mi familia porque sin vosotros no sería lo que soy, en especial a mis padres, Mariano y Marisa, y a mis hermanos, Jorge, Mariano y Eduardo.

Y por supuesto a mi mujer, Tichi, porque sin ella no tendría nada, y a mis hijas Carlota, Inés y Lucía, que son la inspiración en todo lo que hago...

A todos, incluidos los que seguro se me están olvidando, mil gracias.

JOSÉ ANDRÉS, *marzo de 2007.*

sopas, caldos y cocidos

cocido madrileño

Esta receta se la quiero dedicar a mi amigo Juanjo, de «La Tasquita de Enfrente» de Madrid, y a su mujer por los buenos ratos que he pasado allí con ellos.

Ingredientes

Para el caldo y la sopa:

1/2 oreja de cerdo

300 g de carne de morcillo de ternera

1 hueso de jamón

1 hueso de caña

300 g de cuarto trasero de ternera

200 g de tocino

1/2 gallina o 1/2 pollo

Agua fría para cubrir la olla

250 g de fideos gruesos

Un chorrito de aceite de oliva

Verduras y legumbres:

400 g de garbanzos

3 zanahorias medianas

1 cabeza de ajo

1 cebolla mediana

1 puerro

2 ramas de apio

Una pizca de sal

Para la guarnición:

2 morcillas medianas

2 chorizos pequeños

1/2 repollo

4 patatas medianas

Preparación

La víspera de elaborar la receta, pon los garbanzos en remojo.

Para empezar a preparar el cocido, pon en una olla la oreja, el morcillo, el hueso de jamón, el hueso de caña, la carne de ternera, el tocino y la gallina o el pollo. Cúbrelo todo con agua fría y ponlo al fuego sin tapar la olla, ya que a lo largo de la cocción los ingredientes irán soltando las impurezas en forma de espumilla, que deberás ir retirando con una espumadera. Cuando el agua empiece a hervir, incorpora los garbanzos cerrados en una malla de tela para que no se deshagan y sea más fácil retirarlos después. Si no dispones de la malla, puedes cocer los garbazos por separado. Bastará con que los pongas en agua con un chorro de aceite y nada de sal, y los cuezas a fuego lento durante 45 minutos o una hora.

Una vez hayas retirado ya dos o tres veces la espumilla de la carne, agrégale un chorrito de aceite de oliva, la cabeza de ajo entera sin pelar, el apio, la cebolla y el puerro, y deja la olla al fuego 3 horas más. Transcurrido este tiempo, échale un poco de sal sin retirar el cocido del fuego.

Ahora cocerás el resto de las verduras. Introduce las patatas, las zanahorias y el repollo en otra malla de tela, ponlos a cocer con el resto de ingredientes e incorpora también la morcilla y el chorizo a la cazuela. Si no dispones de malla, traspasa parte del caldo de la carne a otra cazuela, ponla al fuego y cuece la verdura durante 45 minutos.

Espera a que todo termine de cocinarse y quita entonces las mallas a las verduras y los garbanzos. Saca y escurre todos los ingredientes del cocido y ve disponiéndolos en una bandeja, agrupándolos por categorías; es decir, las verduras por un lado, las carnes por otro y las legumbres por otro.

También puedes presentarlos en recipientes diferentes, según prefieras. Rocíalo todo, si quieres, con un chorro de aceite de oliva.

Cuela ahora el caldo, ponlo al fuego y, cuando rompa a hervir, échale los fideos gruesos. Una vez listos los fideos, ya puedes llevar a la mesa la sopa por un lado, y la bandeja o recipientes con la carne, los garbanzos y las verduras por otro.

Consejo

Para la elaboración de esta receta se aconseja prepararla en una olla de barro, aunque si no se dispone de ella también puede elaborarse en una olla convencional.

sopa de ajo castellana

A mi amigo Manolo de la Osa, de las Pedroñeras, tipo genial donde los haya que ha sabido unir modernidad y tradición...

Ingredientes

Para el caldo de la sopa:
1/2 gallina o 1/2 pollo
1 puerro pequeño
1 zanahoria mediana
1 rama de apio pequeña
3 litros de agua

Para la sopa de ajo:
150 g de pan del día
anterior
1 cabeza de ajo morado
Aceite de oliva
1 cucharadita de
pimentón de la Vera
ahumado
3 claras de huevo
6 yemas de huevo
Sal al gusto
1 1/2 l de caldo
Queso manchego
rallado (opcional)

* PARA LA ELABORACIÓN
DE ESTA RECETA
NECESITAS TENER
PREPARADO EL CALDO
DE GALLINA O POLLO
CON ANTERIORIDAD.

Preparación

Elaboración del caldo:

Para elaborar el caldo, lava la gallina o pollo y la verdura y ponlos en una olla con agua a fuego fuerte hasta que arranque el hervor. Seguidamente, baja el fuego del caldo y déjalo cocer 2 horas y media, desespumando de vez en cuando para limpiarle las impurezas y que quede transparente.

Elaboración de la sopa castellana:

Corta en trocitos el pan del día anterior que tenías reservado. Ahora pela la cabeza de ajo y aplasta los dientes con la parte plana del cuchillo. Echa un buen chorro de aceite de oliva en una cazuela (a poder ser, de barro) y ponlo a calentar. Seguidamente, agrégale los ajos y dóralos. Añádeles el pan troceado y deja que éste absorba el aceite hasta que empiece a coger color, momento en el que deberás agregar el pimentón a la cazuela. Remueve durante 10 segundos e incorpora el caldo, que dejarás hervir a fuego suave durante 10 minutos. Por último, vierte las claras de huevo a la vez que lo remueves todo con una cuchara de madera para ligar la sopa. Pruébala y rectifica el punto de sal.

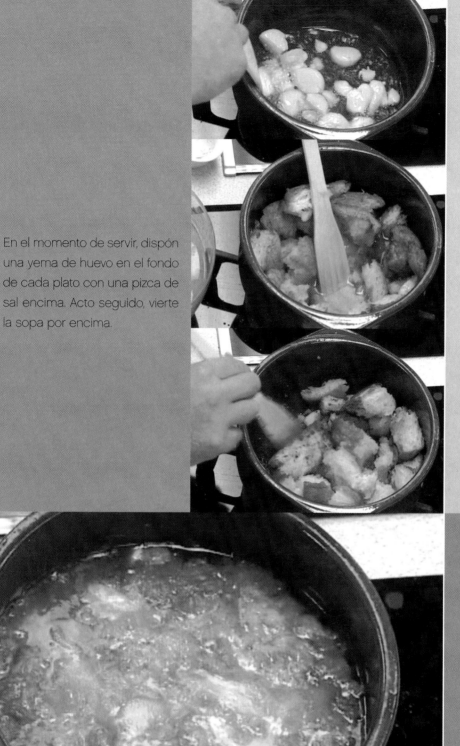

En el momento de servir, dispón una yema de huevo en el fondo de cada plato con una pizca de sal encima. Acto seguido, vierte la sopa por encima.

Consejo

Si quieres, también la puedes gratinar. Para ello bastará con que la espolvorees por encima con un poco de queso manchego y la pongas a gratinar al horno hasta que se dore la capa de arriba.

sopa de cogollos

Este plato es la demostración de cómo una ensalada se hizo sopa... ¿Algún día la sopa se hará ensalada?

Ingredientes

6 cogollos de Tudela
200 ml de agua mineral
150 ml de aceite de
oliva suave
80 ml de vinagre de Jerez
80 g de miga de pan
12 filetes de anchoas del
Cantábrico
sal al gusto
60 g de aceitunas
negras sin hueso

Preparación

Primero limpia y deshoja los cogollos hasta llegar al corazón, y reserva los corazones para la guarnición. Mete las hojas en un vaso americano o batidora junto con el agua, el aceite, el vinagre, la miga de pan y 9 anchoas. Tritúralo todo bien y sazónalo. A continuación, trasvasa la sopa a una jarra y métela en la nevera.

Mientras ésta se enfría, prepararás la guarnición. Corta los corazones que habías reservado en tiras finas y repártelos entre los platos soperos donde vayas a servir la sopa. Seguidamente, corta las otras 3 anchoas en trocitos pequeños y repártelos también. Por último, haz lo mismo con las aceitunas y sirve la sopa.

sopa de espárragos blancos

Esta sopa se la dedico a mis Duendecitos... es buena, rápida y nunca falla... bueno, casi nunca...

Ingredientes

1 lata de 500 g de espárragos blancos
2 huevos cocidos
150 ml de aceite de oliva suave
80 ml de vinagre de Jerez
100 ml de agua mineral
60 g de mayonesa
Sal al gusto
120 g de jamón serrano en lonchas finas
12 hojas de menta

Preparación

Abre la lata de espárragos y escúrrelos, reservando el agua. Seguidamente, córtales las yemas y resérvalas para la guarnición.

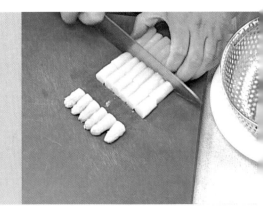

Echa en el vaso americano o batidora el tronco de los espárragos junto con los huevos cocidos, el aceite, el vinagre, el agua de los espárragos que habías reservado, el agua mineral y la mayonesa. Tritúralo bien y sazónalo. Trasvasa ahora la sopa a una jarra y deja que se enfríe en la nevera.

A la hora de servir, distribuye entre los distintos platos las yemas de los espárragos, las lonchas de jamón y las hojas de menta y, a continuación, sirve la sopa.

sopa de idiazábal con níscalos

Ingredientes

Para las castañas confitadas:
250 g de castañas
100 ml de aceite de oliva
100 g de mantequilla
Romero al gusto

Para la sopa y guarnición:
700 ml de caldo de pollo
300 ml de nata líquida
500 g de queso Idiazábal rallado
250 g de níscalos
30 g de tomates italianos en conserva
125 g de mantequilla
1 cebolla grande
1 diente de ajo
1 hoja de laurel
Aceite de oliva
1 vaso de txacolí
Sal al gusto

Preparación

Elaboración de las castañas confitadas:

Para pelar las castañas, pon al fuego una cacerola con agua fría, échale las castañas, lleva el agua a ebullición y déjalas que hiervan tres minutos, durante los cuales pondrás a derretir los 100 gramos de mantequilla. Transcurrido este tiempo, escurre las castañas y pélalas en caliente para que te resulte más fácil. A continuación, introdúcelas en una cazuela pequeña. Cúbrelas con aceite y la mantequilla derretida, espolvoréalas con un poco de romero y cocínalas a fuego muy lento durante media hora para que se confiten.

Elaboración de la sopa:

Aparte, pon otra cazuela al fuego con los 25 gramos mantequilla, el laurel, la cebolla y el ajo. Cuando empiecen a dorarse, riégalos con el vaso de txacolí y deja que se evapore el alcohol. Agrega ahora el caldo de pollo, la nata y la sal y llévalo a ebullición. Seguidamente, apaga el fuego, incorpora el queso Idiazábal a la cazuela y deja que se funda en su interior. Remuévelo todo delicadamente y ya tendrás lista la sopa.

Ahora prepararás la guarnición. Para ello, pon un chorrito de aceite en una sartén y saltea los níscalos, previamente lavados. Una vez hechos, colócalos en el fondo de la sopera junto con las castañas confitadas y el tomate italiano cortado en juliana. Finalmente, vierte la sopa en la sopera y sírvela.

Consejo
Puedes hacerlo con tu queso curado y tus setas favoritas.

sopa de pepino con gamba blanca

Ingredientes

4 pepinos medianos
18 gambas blancas
1 yogur natural
150 g de queso feta
1 diente de ajo
5 ramitas de cilantro
180 ml de aceite de oliva
1 cebolleta
1 l de agua
sal al gusto

Preparación

Empieza por pelar los pepinos. Pártelos longitudinalmente por la mitad y quítales las puntas. Ahora, con la ayuda del descorazonador o, en su defecto, de una cuchara, y con cuidado de que no se te rompa, saca la tira que contiene las semillas en cada mitad y resérvala para preparar la guarnición.

En una batidora o vaso americano, echa los pepinos, 100 mililitros de agua, el yogur, 100 gramos de queso feta, la cebolleta, el ajo y un chorrito largo de aceite. Tritúralo todo bien y, a continuación, añádele el cilantro. Sazónalo a tu gusto y vuelve a triturar. Trasvasa la mezcla a una jarra y métela en la nevera.

Mientras ésta se enfría, prepara la guarnición. Para ello, pela la parte central de las gambas, es decir, conservando el caparazón de la cabeza y el de la cola. Pon el resto del agua en una olla al fuego y hierve las gambas durante 2 minutos. Una vez hervidas, introdúcelas en un bol con hielo, agua y sal para detener en seco la cocción y resérvalas.

A continuación, y para terminar, corta el resto del queso feta en cubitos pequeños de 1 centímetro aproximadamente y después, las ristras con las semillas de pepino que tienes reservadas en trocitos de unos 2 centímetros.

Ha llegado el momento de emplatar. Saca la jarra de sopa de la nevera y preséntala de la siguiente manera: pon 3 o 4 trocitos de semillas en el fondo de cada plato. A continuación, unos cubitos de queso feta y 3 gambas. Por último, vierte la sopa y rocíala con unas gotitas de aceite de oliva.

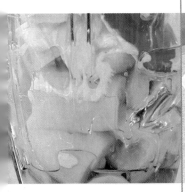
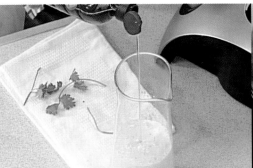

sopa de remolacha

A Dani García que representa la juventud y el futuro en la cocina...

Ingredientes

6 remolachas cocidas
(envasadas al vacío)
2 tomates de rama
medianos
80 ml de vinagre
de Jerez
150 ml de aceite de
oliva suave
150 ml de agua mineral
40 g de pistachos
pelados
Sal al gusto
1 rodaja de sandía
180 g de queso azul
3 ramas de albahaca

Preparación

Empieza por escurrir la remolacha reservando su jugo. Córtala en trozos y ponla en el vaso americano o batidora. Agrégale el jugo que habías reservado e incorpora los tomates limpios y troceados, el vinagre, el agua, el aceite de oliva y los pistachos. Tritúralo todo bien y sazónalo al gusto. A continuación, vierte la sopa a una jarra y ponla a enfriar en la nevera.

Mientras tanto, prepara la guarnición. Corta la sandía en dados de 3 centímetros y repártelos entre los platos donde vayas a servir la sopa. Después, trocea el queso y repártelo también. Finalmente, haz lo mismo con las hojas de albahaca y sirve la sopa.

el huevo

La sal, el vinagre y el limón son tres protagonistas de muchísimos trucos dentro del «complicado mundo» de los huevos cocidos.

¿Qué sucede cuando le añadimos vinagre al agua de cocción? Pues que evita, en caso de que se desquebraje la cáscara, que la clara coagule y por tanto que el huevo no se salga.

¿Por qué si se cuece un huevo demasiado adquiere un color verdoso y un olor poco agradable? El huevo al cocerse desprende un gas de sulfuro que es lo que hace, en caso de demasiada cocción, que adquiera ese color verde oscuro, ya que cuando ese gas llega a cierta temperatura intenta evaporarse. Al

no conseguirlo, se queda de ese color y con un olor algo desagradable. Evitar esto es tan fácil como echar zumo de limón en el agua de cocción.

¿Es cierto que echando sal al agua de cocción se pelan mejor los huevos cocidos? No es la sal la responsable de que un huevo cocido se pele mejor. Si el huevo es muy fresco, la membrana que cubre la cáscara está muy pegada a la parte de la clara, por lo que se pelarán mejor huevos cocidos que no sean tan frescos.

verduras, hortalizas y frutas

aceitunas rellenas

Claro ejemplo de la sencillez elevada a la máxima expresión.
Esta brillante idea se la dedico a mi amigo Carles Abellán
de «Comerç 24» en Barcelona.

Ingredientes

12 aceitunas grandes,
sin hueso
3 filetes de anchoa
3 pimientos en conserva
Un chorrito de aceite
de oliva

Preparación

Corta las aceitunas sólo hasta el centro, sin partirlas del todo. Parte los filetes de anchoa en tiritas de unos 3 cm. Haz lo mismo con los pimientos. Puedes utilizar pimientos de piquillo o pimientos morrones, como tú prefieras.

Rellena las aceitunas con una tirita de anchoa y una de pimiento.

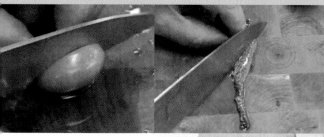
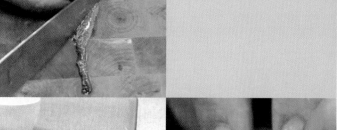

Pincha cada aceitunas con un palillo y sírvelas rociadas con un chorrito de aceite de oliva.

alcachofas con huevos de codorniz y jamón

«La Estrella de Plata» de mi amigo y cocinero Dídac López era uno de mis bares de tapas favoritos. Ya está cerrado, pero siempre quedará esta tapa que es absolutamente genial y mucho más si la acabas con un poco de caviar como hacía Dídac.

Ingredientes

1 lata de corazones de alcachofa en aceite
6 huevos de codorniz
1 loncha de jamón
Tomillo al gusto
Un chorrito de aceite de oliva
Sal al gusto

Preparación

Para empezar, escurre las alcachofas y ponlas en una sartén. Luego, agranda un poco el hueco central de cada corazón para que quepa el huevo de codorniz.

Con la ayuda de una puntilla, rompe la cáscara de los huevos por la parte de la base y vacíalos en el interior de las alcachofas. A continuación, mete las alcachofas en el horno a 170 °C durante 3 o 4 minutos. Mientras, corta la loncha de jamón en juliana fina. Emplata y reparte la juliana de jamón sobre cada alcachofa. Por último, decora con un poquito de tomillo, sal y un chorrito de acete.

alcachofas guisadas con berberechos

A mi, particularmente, las alcachofas me fascinan y los berberechos también, así que la unión de estos dos ingredientes... ¡No te digo!

Ingredientes

2 cebollas medianas
Un chorrito de aceite de oliva
3 dientes de ajo con piel
1 taco de jamón ibérico de 120 g
200 ml de vino blanco
1 hoja de laurel
3 tomates de rama medianos
18 alcachofas
sal al gusto
1 chorrito de agua
1/2 manojo de perejil
300 g de berberechos gallegos

Preparación

Para empezar, pela y pica las cebollas en daditos pequeños. Pon al fuego una cazuela con un chorrito de aceite y, cuando esté caliente, echa la cebolla. Cuando esté translúcida, añade a la cazuela los dientes de ajo con piel y aplastados junto con la hoja de laurel. Deja que se sofrían un par de minutos y, mientras tanto, corta el taco de jamón en daditos de 1 centímetro de grosor. Incorpóralos al sofrito y déjalo 3 minutos más.

Ahora, riégalo con el vino blanco y déjalo reducir unos 3 minutos para que se evapore el alcohol. Ralla entonces el tomate, incorpóralo a la cazuela, y deja que se cocine todo junto a fuego lento durante 15 minutos.

Mientras tanto, prepara las alcachofas como se indica a continuación: en una fuente, pon agua, un chorrito de aceite y el perejil. Con la ayuda de una puntilla, corta el tallo de las alcachofas y deshójalas hasta quedarte únicamente con el corazón, que es la parte más tierna. Corta los corazones en cuartos e incorpóralos al sofrito que tienes en el fuego. Deja que se cocine todo durante 5 minutos más y, seguidamente, sazónalo. Agrega un chorrito de agua al cocido, tenlo en el fuego 10 minutos más y, finalmente, añade los berberechos. Tapa la cazuela para que los berberechos se abran antes y, una vez abiertos, ya tendrás el plato listo. Retira la cazuela del fuego, espolvorea el cocido con el perejil picado y sírvelo.

carpaccio de higos

El *carpaccio* siempre ha sido de carne, sobre todo el ya mítico del «Harry's Bar» de Venecia, pero yo, para darle un toque más original, lo he hecho con higos, manteniendo eso sí el toque salado con las anchoas.
El resultado es mágico.

Ingredientes

3 higos
25 g de queso cabrales
10 g de piñones tostados
2 filetes de anchoas
del Cantábrico
4 hojitas de hinojo
Un chorrito de aceite
de oliva

Preparación

Pela los higos y córtalos por la mitad longitudinalmente. Ponlos en el plato o bandeja donde vayas a servir el *carpaccio* y, con la ayuda de una cuchara o espátula, aplasta los higos con cuidado, extendiéndolos hasta cubrir toda la superficie del recipiente. Desmenuza el queso y repártelo por encima de los higos. Después, corta las anchoas en trozos de 2 centímetros y distribúyelas también por encima de los higos. Ahora haz lo mismo con los piñones y con las hojitas de hinojo y, por último, riega el *carpaccio* con un chorrito de aceite de oliva y ya estará listo para servir.

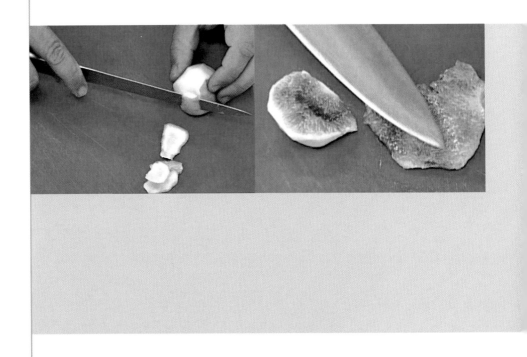

cebolla escalivada con queso azul

Esta es una de las tapas estrella en mi restaurante «Jaleo» de Washington. Allí la preparo con cebolla «Vidalia», típica del estado de Georgia, tal vez, la cebolla más dulce que yo conozco.

Ingredientes

3 cebollas
100 g de queso azul
1 ramita de romero
1 ramita de tomillo
Aceite de oliva
Una pizca de sal

Preparación

Antes de empezar a elaborar la receta, precalienta el horno a 190 °C.

Sin quitarles la piel, corta las cebollas por la mitad y disponlas boca abajo en una bandeja de horno previamente untada con aceite de oliva. A continuación, distribuye el tomillo y el romero entre las seis mitades y condiméntalas con una pizca de sal.

Rocía ahora las cebollas con aceite de oliva, asegurándote de que también tengan aceite en la base.

Mete la bandeja en el horno y déjala unos 20 minutos. Transcurrido este tiempo, sácala y retira la piel de las cebollas. Si se desprende con facilidad, ya están hechas.

A continuación, divide la cuña de queso en seis porciones iguales y dispon-las sobre las cebollas. Para terminar, rocíalo todo con un chorrito de aceite de oliva.

champiñones, huevo de codorniz y polvo de jamón

Ingredientes

6 lonchas finas de jamón serrano
12 champiñones medianos
Un chorrito de aceite de oliva
12 huevos de codorniz
Sal al gusto
Pimentón dulce al gusto
6 ramitas de cebollino
Papel sulfurizado

Preparación

Antes de empezar con la receta, precalienta el horno a 140 °C.

Ahora, pon una lámina de papel sulfurizado en una bandeja de horno, coloca encima las lonchas de jamón bien estiradas y mete la bandeja en el horno durante 30 minutos. Entre tanto, limpia los champiñones según se indica a continuación: quítales el pie y seca los sombreros con un paño de cocina para eliminar la humedad. Resérvalos.

Una vez transcurridos los 30 minutos, saca la bandeja del horno y coloca las lonchas de jamón encima de un papel absorbente. Deja que el jamón se enfríe un poco y, a continuación, tritúralo hasta que quede muy fino y pulverizado y resérvalo.

Pon ahora una sartén al fuego con un chorrito de aceite de oliva y dora los champiñones por ambos lados hasta que queden blanditos. Sazónalos y resérvalos en la bandeja donde los vayas a servir. Agrega un chorrito de aceite de oliva a la misma sartén y, cuando esté caliente, fríe los huevos de codorniz. Reparte los huevos sobre los champiñones y espolvorea cada huevo con un poco de jamón triturado por encima. Por último, espolvorea con pimentón dulce, pica el cebollino y decora con él el plato.

vamos a cocinar

Truco

Para que los huevos de codorniz no se rompan al abrirlos, hay que romper la cáscara de la manera siguiente: con la ayuda de una puntilla (cuchillo pequeño), haz un corte limpio en la base del huevo, separando total-mente la cáscara.

endivias y queso azul

Esta mezcla es todo un clásico mundial diría yo! Siendo yo muy niño recuerdo que un día mi padre, Mariano, compró endivias y las trajo a casa como si oro fuesen... recuerdo que las preparó muy parecidas a estas.

Ingredientes

3 endivias
120 g de queso azul
80 ml de sidra asturiana
Un chorrito de
aceite de oliva
60 g de nueces peladas

Preparación

Primero, limpia las endivias. Desecha las hojas externas y quítales también la base. Luego, deshójalas y reserva las hojas en la fuente donde vayas a servirlas. Aparte, rompe las nueces con las manos y resérvalas también en un cuenco.

Ahora prepara la salsa. Trocea bien el queso azul, ponlo en un cuenco y ve aplastándolo con un tenedor hasta obtener una pasta. Seguidamente, incorpórale la sidra y un chorrito de aceite de oliva y mézclalo bien para unir la salsa.

Por último, vierte esta salsa por encima de las hojas de endivia y reparte las nueces por encima.

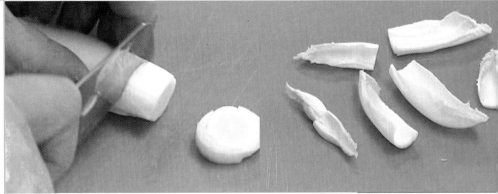

ensalada césar

Los hermanos Cardini fueron los responsables de esta ensalada que, tal vez, por su sencillez, sea las más consumida tanto en Estados Unidos como en México.

Ingredientes

2 rebanadas de
pan de molde
2 corazones de
lechuga romana limpios
$^1/_2$ l de aceite de
oliva suave
1 diente de ajo
2 yemas de huevo
6 filetes de anchoas
del Cantábrico
1 cucharada
sopera de mostaza Dijon
1 cucharada
sopera de salsa Perrins
El zumo de $^1/_2$ limón
100 g de queso
parmesano reggiano
cortado en virutas
Sal al gusto
Agua

Preparación

Lo primero que vas a preparar son los picatostes. Para ello, pon al fuego una sartén pequeña con un dedo de aceite. Corta el pan en daditos de 1 centímetro, fríelo y resérvalo en un plato con papel absorbente para que escurra el aceite y se enfríe a temperatura ambiente.

Ahora, lava la lechuga y deshójala. Córtala con la mano en trozos no muy pequeños y resérvala en la nevera.

Es el momento de preparar la salsa. Pela el ajo y restriégalo por el fondo del cuenco que vayas a utilizar para prepararla. Una vez restregado el ajo, deséchalo o, si lo prefieres, pícalo bien menudo e incorpóralo a la salsa. Echa las anchoas al cuenco y aplástalas con un tenedor. Añade ahora la mostaza, la salsa Perrins, el zumo de limón y las yemas de huevo. Mézclalo todo bien con la ayuda de una varilla de batir. Cuando esté más o menos unido, ve incorporándole el aceite poco a poco y sin dejar de batir, hasta que la salsa esté bien unida. Llegados a este punto, añade el agua y remueve para que la salsa adquiera una consistencia un poco más líquida, la ideal para esta ensalada.

Ahora saca la lechuga de la nevera, ponla en la ensaladera o recipiente donde vayas a servir la ensalada y sazónala al gusto. Después, aliña la lechuga con la salsa que has preparado y, finalmente, incorpórale los picatostes y las virutas de queso.

Truco
Aromatizar un plato
con ajo

Este proceso tan simple consiste en cortar un ajo por la mitad y frotar con él la superficie que quieras aromatizar, como el plato, el bol o la fuente en que vayas a servir la comida.

ensalada de remolacha y naranja

No hay una mezcla más única que la acidez del vinagre, el dulzor de la remolacha y el frescor de las naranjas!

Ingredientes

3 remolachas
enteras cocidas
envasadas al vacío
2 naranjas grandes
200 g de queso
de cabra (rulo)
100 ml de aceite
de oliva
30 ml de vinagre
de jerez
sal al gusto
4 pistachos

Preparación

Comenzarás por preparar una vinagreta. Para ello, pon a calentar a fuego lento el jugo que contiene el envase de la remolacha hasta que adquiera una textura de jarabe.

Una vez haya reducido, traspásalo a un cuenco, agrégale el aceite de oliva, el vinagre de jerez y la sal, y mézclalo todo para que la vinagreta quede bien ligada.

Pela las naranjas y reserva parte de la piel para decorar el plato. Divide ahora la naranja en gajos y corta la remolacha en cubitos. Ponlas en una fuente y alíñalas con la vinagreta que has preparado antes.

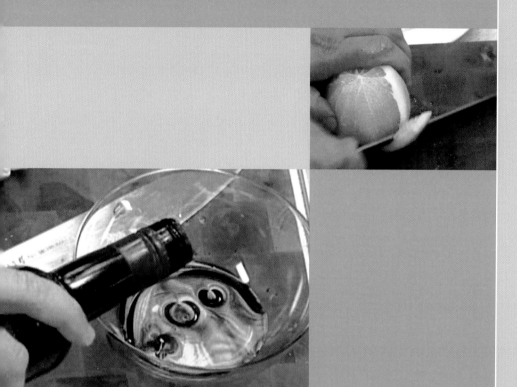

Para decorar la ensalada, espolvoréala con pistacho rallado, un poco de ralladura de piel de naranja y trocitos de queso de cabra sin la piel.

ensalada verde con escabeche de caballa

Un plato bueno, rápido, barato y ligero... ¿Qué más podemos pedir?

Ingredientes

Para el escabeche de caballa:

2 cabezas de ajo
225 g de cebollitas de guarnición
1 zanahoria
600 ml de aceite de oliva suave
4 hojas de laurel
4 ramitas de tomillo
4 ramitas de romero
150 ml de vino blanco
200 ml de vinagre de jerez
3 caballas fileteadas de 400 g cada una
Sal al gusto
Pimentón dulce
Harina

Para la ensalada:

1 lechuga romana
1 granada
Sal al gusto

Preparación

Para elaborar esta receta tienes que preparar la caballa en escabeche el día anterior, tal y como se indica a continuación: primero corta la cabeza de ajos por la mitad. Luego, pela la zanahoria y córtala en rodajas de 1 centímetro de grosor. Pela ahora las cebollitas. Después, pon una cazuela al fuego con el aceite de oliva y, una vez esté caliente, incorpora todas las verduras y déjalas cocer a fuego lento durante 20 minutos.

Transcurrido este tiempo, agrégales el laurel, el tomillo, el romero y el pimentón dulce y remueve. Seguidamente, riégalo todo con el vino blanco y deja que la cocción prosiga 5 minutos para que el alcohol del vino se evapore. A continuación, incorpora el vinagre y tenlo todo 5 minutos más a fuego lento. Retira el escabeche del fuego y resérvalo.

Ahora, pon a calentar una sartén con un chorrito de aceite. Sala y enharina los filetes de caballa y fríelos. Una vez estén hechos, sumérgelos en el escabeche que tienes reservado, al que agregarás un chorrito más de vinagre para potenciar el sabor. Reserva la caballa en escabeche dentro de la nevera hasta el día siguiente.

Truco

Para desgranar la granada, haz lo siguiente: ábrela por la mitad. Toma una de las mitades, sostenla boca abajo y golpéala en la cáscara con una cuchara para que los granos se desprendan fácilmente. Repite la operación con la otra mitad.

Para preparar la ensalada, empieza por deshojar, lavar y escurrir bien las hojas de lechuga. Trocéalas con las manos y ve poniendo los trozos en la ensaladera donde vayas a servirla. A continuación incorpora la granada a la ensaladera y sazónalo todo al gusto.

Ahora saca el pescado en escabeche de la nevera. Escurre los filetes de caballa, trocéalos y repártelos por encima de la ensalada de lechuga y granada. Con una cuchara, remueve bien el escabeche y aliña con él la ensalada. Como toque final, puedes incorporar también los trocitos de verdura.

espárragos blancos con yogur

En Grecia y Turquía, el yogur se mezcla con todo tipo de verduras. Esta combinación de espárragos blancos, y más si son de Navarra, con el yogur casa a la perfección.

Ingredientes

1 lata de
espárragos blancos
gruesos
1 yogur natural
1 lima
50 ml de aceite de oliva
Pimienta negra
molida al gusto

Preparación

Escurre los espárragos, separa las yemas de los tallos y corta la parte del tallo en rodajas de 3 centímetros de grosor. En la bandeja donde vayas a servir el plato, dispón las rodajas horizontalmente y las yemas de pie.

A continuación, prepara la vinagreta de yogur. Vacía el yogur en un cuenco y remuévelo con una cuchara hasta que adquiera una textura fina. Ralla la piel de la lima encima del yogur, espolvoréalo luego con pimienta negra molida e incorpórale el aceite. Por último, mézclalo todo bien y aliña los espárragos con la salsa.

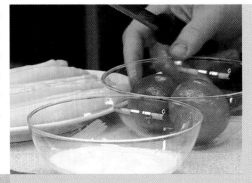

Consejo

Qué no hay lima... pues,
¡limón!

espárragos trigueros
con jamón

Mi buen amigo Alejandro Fernández, fundador de las bodegas de Tinto Pesquera, me llevó un día a buscar trigueros por la orilla de un riachuelo que corre por mitad de la finca donde produce otro de sus vinos, el Alenza. Fue una tarde inolvidable, y aunque nunca me llegué a comer esos trigueros, son momentos que no se olvidan, sobre todo, porque me quedé con antojo de ellos...

Ingredientes

18 espárragos
trigueros finos
6 lonchas de
jamón ibérico
un chorrito de
aceite de oliva

Preparación

Si los espárragos son muy gordos, deberías blanquearlos para facilitar la cocción

Pon a calentar una plancha con un poquito de aceite.

Enrolla 2 o 3 espárragos en cada loncha de jamón y ponlos en la plancha. Vigila que el jamón quede en el lado exterior de la plancha, para que no se queme. Dóralos sólo un momento por cada lado para que queden crujientes.

vamos a cocinar

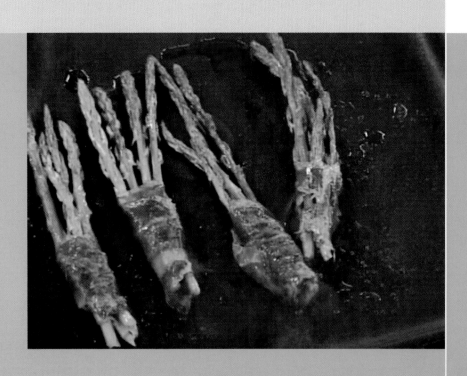

espinacas a la crema

Ingredientes

1 ½ k de espinacas
limpias (frescas o
congeladas)
5 dientes de ajo
Aceite de oliva
200 ml de vino blanco
400 ml de nata líquida
Nuez moscada al gusto
Sal al gusto
150 g de queso rallado
6 yemas de huevo
6 lonchas finas de jamón
serrano
Maizena express
al gusto

Preparación

Enciende el gratinador del horno para que se vaya calentando mientras preparas la receta.

Ahora, pon al fuego una cazuela con un buen chorro de aceite y agrégale los dientes de ajo picados. Cuando el ajo esté doradito, incorpórale las espinacas. Una vez éstas hayan perdido su textura original y estén rehogadas, empezarán a soltar agua. Deberás escurrirlas inmediatamente, reservando el caldo que suelten por un lado, y las espinacas por otro.

A continuación aprovecharás la misma cazuela para preparar la crema. Empieza por verter el vino blanco a la cazuela y dejarlo reducir hasta la mitad. Incorpórale la nata líquida y espera a que reduzca también a la mitad. Ahora añade a la mezcla el caldito de las espinacas que habías reservado y vuelve a dejarlo reducir todo para potenciar su sabor. Échale entonces la nuez moscada y la sal al gusto.

Para ligar esta salsita, usarás la Maizena express. La cantidad de Maizena express que utilices irá en función del grado de espesor que quieras darle a la salsa. Cuando la salsa esté bien ligada, retírala del fuego y agrégale las espinacas. Mézclalo todo bien y sirve la crema en platos individuales. Ahora espolvoréala con el queso rallado que más te guste e introduce los platos en el horno para hacer el gratinado. Para terminar, sácalos del horno y dispón sobre cada plato una yema de huevo y una loncha fina de jamón.

Consejo

Para que no se queme el ajo picado puedes echarlo a la cazuela con el aceite en frío. Así, podrás controlar mejor la cocción.

fabes con almejas

En este plato tradición y modernidad se dan la mano. El sabor de un guiso tan popular y conocido de la tierra que me vio nacer, Asturias, con toques de la cocina moderna como servir las almejas casi crudas!

Ingredientes

500 g de *fabes* asturianas
400 g de almejas frescas
3 dientes de ajo
Azafrán al gusto
1 hoja de laurel
1 cebolla mediana
1 puerro
1 zanahoria
Aceite de oliva al gusto
Sal al gusto
100 ml de aceite de girasol
½ manojo de perejil deshojado
Agua mineral

Preparación

Un día antes de cocinar las *fabes* deberás ponerlas a remojo en agua mineral durante 24 horas. Al hacerlo, pon el triple de agua que de *fabes* para que estén siempre cubiertas y evitar así que se rompa la piel.

Para empezar a preparar el plato, escurre las *fabes*, ponlas en una olla y vuelve a cubrirlas de agua mineral, de modo que ésta sobrepase unos 2 o 3 dedos el nivel de las *fabes*. Pon la olla al fuego a temperatura media-alta y, cuando veas que arranca el hervor, agrégale el puerro y la zanahoria troceados, los dientes de ajo enteros y con piel, y la cebolla entera pelada.

Mientras van cociéndose las *fabes*, pon a hervir agua en otra cazuela para abrir las almejas. Para abrirlas no deberás echarlas a la cazuela, sino que, por turnos, las pondrás en una espumadera y las dejarás en el agua hirviendo justo hasta el momento en que veas que empiecen a abrirse. El tiempo que tardan en hacerlo osci-

la entre los 10 y los 15 segundos, según el tamaño de la almeja. A continuación, y con la ayuda de una puntilla, abre cuidadosamente las almejas procurando no romperlas. Reserva en un bol el agua que suelten en el momento de abrirlas, ya que después la añadirás al guiso. Guarda también algunas de las conchas para decorar el plato.

Llegados a este punto, las fabes ya habrán alcanzado el hervor. Así que baja el fuego para que sigan hirviendo despacio y no se rompan. No han de hervir a borbotones, sino de manera continuada. A lo largo de la cocción, acuérdate de desespumar el caldo tantas veces como sea necesario para eliminar las impurezas. Cuando veas que está bien limpio, agrégale un buen chorro de aceite de oliva.

Ahora tienes que «asustar» las *fabes*, es decir, detener momentáneamente su cocción. Para ello, échales un chorro de agua fría y déjalas que sigan cociéndose a fuego lento durante 2 horas.

Seguidamente prepara el aceite de perejil, que añadirás al cocido al servir el plato. Para que domine el sabor del perejil, utiliza aceite de oliva suave o de girasol. Pon el perejil y el aceite en el vaso de la batidora, tritúralo todo muy bien hasta que quede unido y resérvalo.

Una vez hayan transcurrido las 2 horas de cocción, retira del guiso la cebolla, el puerro, la zanahoria y el ajo, al que quitarás la piel. Tritura las hortalizas con un poco del caldo de la cocción y las *fabes* que veas que están más rotas. Ahora, vierte este puré a la cazuela, añade también un poco de azafrán y mézclalo todo con mucho cuidado, simplemente meneando la cazuela. Verás como, poco después de añadir el puré, el caldo enseguida se liga y se espesa. Déjalo a fuego muy lento unos 25 o 30 minutos más y, a continuación, sálalo. Es importante hacerlo ahora, ya que si echas la sal al principio las *fabes* no se cocinarán con tanta facilidad y es probable que se les rompa la piel.

Ahora que tienes el guiso listo, cuela con un colador muy fino el agua de las almejas que habías reservado, añádela al guiso y apaga el fuego.

A la hora de emplatarlo, sirve las *fabes* y distribuye las almejas por encima. Decora el plato con unas hebras de azafrán, unos toques del aceite de perejil y una concha.

La faba es una legumbre de cocción delicada, ya que es muy harinosa. Ten cuidado al remover las fabes mientras cuecen, y hazlo con un instrumento que no sea de metal, ya que de lo contrario podrían romperse más de la cuenta.

Consejo

Para conservar las almejas frescas y vivas, guárdalas en la nevera envueltas en un paño bien húmedo.

garbanzos con bacalao

Ingredientes

500 g de garbanzos de
Fuentesaúco (Zamora) o
del tipo castellano
1 ½ l de agua
1 puerro
1 ramita de apio
1 zanahoria
1 hoja de laurel
Sal al gusto
1 ½ cebolla mediana
3 tomates medianos
rallados
2 dientes de ajo
10 g de pimentón dulce
Comino al gusto
Un chorrito de aceite de
oliva
300 g de callos de
bacalao
2 l de agua

Preparación

La noche anterior, pon a remojar en agua fría los garbanzos y, en otro recipiente, los callos de bacalao, también con agua fría. Verás cómo, a la mañana siguiente, el volumen de los garbanzos se ha triplicado. Si quieres, puedes preparar este plato utilizando garbanzos en conserva de calidad.

Para empezar a preparar la receta, limpia y trocea el puerro, la cebolla, la zanahoria y el apio. Ponlos en una olla junto con una hoja de laurel y agrégales los garbanzos, previamente escurridos. Cúbrelo todo con agua fría, hasta unos dos o tres dedos por encima del nivel de los garbanzos. Deja que se cuezan a fuego medio durante una hora y media aproximadamente, y ve desespumándolos de vez en cuando para retirar las impurezas. Recuerda que deben estar siempre cubiertos de líquido para evitar que se deshagan, por lo que, si ves que los garbanzos se secan demasiado, añádeles más agua caliente.

Aprovecha esta hora y media para preparar el sofrito. Pon a calentar una cazuela con aceite y, cuando éste esté a media temperatura, échale la cebolla y el ajo picados para que se doren, removiendo de vez en cuando. Luego, ralla los 3 tomates (pueden ser naturales o en conserva) y resérvalos. Añade a la cazuela pimentón dulce y comino al gusto, y dale un par de vueltas. Vierte ahora el tomate rallado y deja que continúe cociendo.

Mientras los garbanzos y el sofrito terminan de cocerse, prepara los callos de bacalao. Sácalos del agua, quítales la piel y blanquéalos como se explica a continuación: ponlos en una cazuela con agua fría y, en cuanto arranque el hervor, deja que pase un minuto y apaga el fuego. Seguidamente, escurre los callos y córtalos en tiras pequeñas que añadirás al sofrito. Para entonces los garbanzos ya habrán terminado de cocerse, así que retíralos del fuego y separa todas las verduras para pasarlas por el pasapurés.

Ahora, agrega los garbanzos y el agua de su cocción al sofrito y remueve. Añádele luego el puré de verduras, sala el guiso a tu gusto y déjalo al fuego un ratito más.

Por último, emplátalo y decóralo con un poco de perejil picado. Se conoce como callos o tripa del bacalao la vejiga natatoria que tiene el pescado justo debajo de la espina central, una parte especialmente gelatinosa y sabrosa.

Consejo

La utilización del agua mineral para cocer los garbanzos es porque hay muchas aguas duras con las que no se conseguiría el mismo punto de cocción.

higos con jamón

Dulce y salado, salado y dulce, dulce y salado... ¿Hay algo que te abra más el apetito en la vida?

Ingredientes

6 higos
80 g de jamón ibérico
2 ramitas de cebollino
Un chorrito de aceite
de oliva

Preparación

Pela los higos y, con la ayuda de una cuchara, aplástalos ligeramente en el mismo plato donde los vayas a servir.

A continuación, trocea el jamón en daditos pequeños y repártelo por encima de los higos. Finalmente, rocíalo todo con un chorrito de aceite de oliva y decora el plato con el cebollino picado.

huevos con patatas y chorizo

Yo a este plato le tengo un cariño especial. Nadie fríe los huevos como lo hacemos los españoles, sobre todo, cuando se fríen bien… Además, éste fue, también, mi «primer plato televisivo» con Ana Duato como primera invitada en el programa. Gracias a su apoyo, y al de su marido Miguel Ángel, he tenido la suerte de compartir con vosotros muy buenos momentos.

Ingredientes

600 g de patatas viejas
3 unidades
(375 g) de chorizo de freír
6 huevos
3 ajos
1 guindilla
Tomillo al gusto
$1/2$ litro de aceite de oliva
Sal Maldon al gusto

Preparación

Para elaborar este plato es conveniente que utilices patatas viejas, ya que tienen mucha más fécula y, por tanto, más azúcares. Con ello conseguirás que, cuando la patata entre en contacto con el aceite, se caramelice y tueste rápidamente, de manera que quede una patata crujiente por fuera y blanda por dentro.

Corta las patatas en dados de un tamaño homogéneo. Para conseguirlo, haz un corte plano en uno de los lados de la patata, que te ayudará a fijarla a la superficie de corte y a que no se te mueva. Cuádrala por los seis costados, de manera que quede con forma de cubo. A continuación, córtala en 4 o 5 trozos de 1 cm de grosor aproximadamente, y, sin que se desmonte, gírala. Vuelve a hacer los mismos cortes, gírala otra vez y repite el corte. Verás que la patata ha quedado cortada en dados del mismo tamaño y así conseguirás que se haga más deprisa. Una vez cortada, lava los dados y escúrrelos.

Luego, pon un poco de aceite en una sartén. Como vas a saltear las patatas y no a freírlas, con un chorro será suficiente.

Añade las patatas bien escurridas a la sartén y remuévelas un poco. Echa los dien-

tes de ajo enteros (con piel y aplastados) y la guindilla (sin las semillas interiores). Sigue salteando a fuego vivo; si es necesario, puedes añadir un poco de aceite.

A continuación, corta el chorizo en 4 cuartos y luego a dados de un tamaño similar al de las patatas y añádelo a la sartén. Agrega un poquito de tomillo y sal.

Cuando todo esté dorado, ya puedes retirar la sartén del fuego. Después, en una sartén honda, calienta aceite a fuego suave para freír los huevos. Casca el huevo en un bol y sálalo. Cuando el aceite empiece a humear, ladea la sartén y vierte el huevo. De esta manera el aceite lo cubrirá totalmente, la clara se cocerá envolviendo la yema y quedará un huevo frito crujiente por fuera pero crudito por dentro, sin que se queme. Para que el huevo no se pegue a la espumadera, caliéntala primero introduciéndola un momento en el aceite.

Cuando vayas a servir, pon el huevo en el centro del plato y reparte las patatas con chorizo alrededor. Por último, sazona con un poco de sal Maldon.

Truco

Si quieres comprobar si los huevos están frescos, pon en un recipiente un litro de agua con dos cucharadas de sal e introduce el huevo. Si se queda en el fondo, el huevo es fresco; si flota, es señal de que es antiguo, porque a medida que pasa el tiempo la cáscara pierde calcio, se vuelve más porosa y absorbe más aire.

lentejas con *foie*

Estas lentejas van bien con todo y de todas formas: solas, calientes o frías..., y con foie son para subir al cielo...

Ingredientes

1 *foie* (hígado graso de
pato) de unos 600 g
1/2 k de lentejas pardinas
1 puerro
1 cebolla mediana
2 zanahorias
3 dientes de ajo
10 g de pimentón
150 g de panceta
1/2 l de leche
1/2 l de agua
Sal fina al gusto
Sal gruesa al gusto
Aceite de oliva al gusto
Menta fresca al gusto
Romero al gusto

Preparación

Antes que nada conviene limpiar y blanquear el *foie*. Para ello, mezcla agua y leche a partes iguales (en este caso, 1/2 l y 1/2 l respectivamente) y sumérgelo de modo que quede cubierto por el líquido.

Calienta ahora una cazuela sin aceite, escurre el *foie* y dóralo. Retíralo a continuación y, en la grasilla que ha soltado, dora las verduras picadas finas. Añade a la cazuela la panceta y el ajo, también picados, y después un poco de menta fresca y una ramita de romero. Ahora incorpórale la grasa que ha desprendido el *foie* al reposar después de dorarlo y sigue salteando.

Seguidamente, agrega a la cazuela las lentejas sin remojo previo, y un poco de pimentón. Cúbrelo todo con agua, unos tres dedos por encima del nivel de las lentejas, y déjalo cocer a fuego lento entre 40 y 45 minutos. Transcurrido este tiempo, sala ligeramente el cocido, remueve un poco y apaga el fuego.

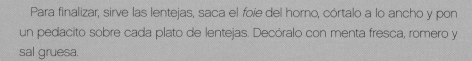

Ahora acaba de preparar el *foie*. Coloca una rejilla sobre un recipiente que pueda ir al horno y dispón el *foie* encima para que se cocine igual por todos los lados. Mételo en el horno a 170 °C durante 10 minutos aproximadamente. De este modo conseguirás que el *foie* alcance una temperatura interior unos 65 °C.

Para finalizar, sirve las lentejas, saca el *foie* del horno, córtalo a lo ancho y pon un pedacito sobre cada plato de lentejas. Decóralo con menta fresca, romero y sal gruesa.

Foie en francés significa hígado y *foie-gras*, hígado graso. Éste se elabora a partir de hígado de patos u ocas cebados expresamente para que desarrollen un hígado mayor de lo normal y con mucha grasa.

manzana con cabrales

No creo que haya una combinación tan asturiana como la de la manzana y el cabrales. Por su sencillez, esta es una de esas tapas que yo siempre recomiendo a todos mis amigos.

Ingredientes

3 manzanas reineta
150 g de queso cabrales
1 diente de ajo
60 g de nueces peladas
El zumo de 1/2 limón
60 ml de vinagre de sidra
150 ml de aceite de oliva
Sal al gusto

Preparación

Primero prepara una vinagreta, tal y como se te indica a continuación: en un mortero, machaca el ajo pelado hasta obtener una pasta. Seguidamente incorpora las nueces y machácalas también, procurando que no queden demasiado trituradas. Vierte ahora el zumo de limón y el vinagre de sidra a la mezcla y, finalmente, agrégale el aceite. Remuévelo todo para que se una y resérvalo.

Ahora pela las manzanas y extráeles el corazón. Córtalas en láminas finas e introdúcelas en un cuenco. Después sazónalas, alíñalas con la vinagreta y mézclalo todo bien. Para terminar, sírvelo en un plato y decóralo espolvoreando queso cabrales por encima.

«mash potatoes» al microondas

¿Necesitamos ahorrar agua? Esta forma de hacer las patatas es fantástica para este fin, y además, se preparan en un visto y no visto...

Ingredientes

6 patatas Monalisa pequeñas
60 g de queso Philadelphia
6 ramitas de cebollino
Un chorrito de aceite de oliva
Sal al gusto
Papel film

Preparación

Lava las patatas y pínchalas por toda la superficie para que, al cocinarse dentro del microondas, no se rompan. Seguidamente, envuélvelas individualmente en papel film e introdúcelas en el microondas durante 10 minutos a potencia máxima.

Mientras tanto, pica el cebollino bien fino, échalo en un bol e incorpórale el queso y el aceite. Mézclalo todo bien y resérvalo.

Cuando las patatas estén hechas, sácalas del microondas y quítales el papel film. Córtalas entonces en dos mitades y, con la ayuda de una cuchara, vacíalas un poco y mezcla lo que has extraído con el queso y el cebollino. Rellena con esta mezcla las mitades de patata y, para terminar, sazónalas al gusto y sírvelas.

Consejo

Sustituyendo el queso Philadelphia por tus quesos favoritos obtendrás otro «puré» diferente cada vez que incorpores un queso distinto.

melón con jamón

Ingredientes

1 melón pequeño del tipo
cantaloup
300 g de jamón ibérico
cortado en lonchas finas
12 hojitas de menta
pelador

Preparación

Corta las puntas del melón con un cuchillo y ponlo de pie sobre una tabla de cortar. A continuación, quítale la cáscara entera y pártelo en dos mitades. Ahora, con la ayuda de un pelador, corta cada una de las mitades en tiras. Distribúyelas entre los platos donde vayas a servir y dispón sobre éstas las lonchas de jamón. Seguidamente, limpia y corta la menta en trocitos pequeños y espárcelos por encima. Para terminar, rocía cada plato con un chorrito de aceite.

menestra de verduras

A Laura y Mariano de «La Taberna de la Cuarta Esquina», que me abrieron sus puertas en Calahorra.

Ingredientes

Verduras para escaldar:
2 patatas
100 g de calabaza
1 zanahoria mediana
1/4 de repollo
150 g de judías verdes
100 g de coliflor

Verduras para cocinar desde crudo:
1 berenjena pequeña
3 espárragos trigueros
1 calabacín pequeño
2 alcachofas
100 g de acelgas
12 tomates cherry
1/4 de lechuga romana
3 dientes de ajo

Resto de ingredientes
Tomillo, salvia, orégano, eneldo, menta, y albahaca frescos al gusto,
Perejil picado al gusto
50 g de tocino
Un chorrito de aceite de oliva
Sal al gusto
Agua

Preparación

Primero harás las verduras escaldadas, para lo cual deberás poner al fuego una olla con agua abundante. Mientras ésta se va calentando, lava las verduras y después, manteniendo este mismo orden, sigue las instrucciones que se te indican a continuación para cortarlas y escaldarlas:

Patata: Sin pelarlas, córtalas en láminas finas. Escáldalas 3 minutos, sácalas del agua y resérvalas.

Calabaza: Pélala y córtala en láminas finas como las de la patata. Escáldalas 3 minutos, sácalas del agua y resérvalas.

Zanahoria: Pélala y, con la ayuda de un pelapatatas, córtala en láminas muy finas. Hiérvelas 1 minuto hasta que queden flexibles, sácalas del agua y resérvalas.

Repollo: Corta el tallo interno de las hojas y utiliza sólo la parte más tierna de éstas. Trocéalas, escalda los trozos 3 minutos, sácalos del agua y resérvalos.

Judías verdes: Desecha las puntas y corta el resto por la mitad. Escáldalas 3 minutos, sácalas del agua y resérvalas.

Coliflor: Córtala en ramitos pequeños, eliminando el tronco interior. Escáldalos 3 minutos, sácalos del agua y resérvalos.

A continuación prepara todas las verduras que cocinarás desde crudo.

Berenjena: Pélala y córtala en cuadraditos.

Espárragos trigueros: Separa y reserva las yemas, y corta el tronco en rodajitas.

Calabacín: Córtalo por la mitad y luego en rodajas.

Alcachofas: Límpialas y quédate sólo con el corazón (la parte más tierna). Luego corta los corazones por la mitad y haz 6 o 7 trocitos de cada una de las mitades. Resérvalos en un cuenco con agua y perejil para que no se oxiden hasta su utilización.

Acelgas: Límpialas bien. Corta la penca en juliana y reserva las hojas enteras.

Tomates cherry: Lávalos y resérvalos, ya que los utilizarás enteros.

Lechuga: Lávala y córtala en juliana.

Ahora, con todas las verduras ya preparadas, pon a calentar aceite en una cazuela. Échale los dientes de ajo aplastados con piel e incorpora el tocino. Luego saltea la verdura, que irás añadiendo por orden y por pasos. Empieza por la berenjena y el calabacín. Deja que se doren, removiendo a menudo para que quede bien el salteado. A continuación, escurre los trozos de alcachofa y añádelos junto con los tallos de espárrago y las pencas de acelga. Agrega un poquito de aceite si lo crees necesario y sigue removiendo. Incorpora ahora los tomates cherry enteros, las yemas de los espárragos y las hojas de acelga, sin dejar de remover.

Finalmente, traspasa a la cazuela todas las verduras escaldadas que habías reservado y la lechuga. Dale unas últimas vueltas a fuego bajo mezclando las verduras y apaga el fuego. Ahora sólo queda sazonar la menestra al gusto y emplatarla. Para ello, sírvela y espolvoréala con las hierbas para aromatizarla.

panecillos de aguacate con cabrales

El cabrales es uno de mis quesos favoritos y mezclarlo, como he hecho en esta tapa, con algo tan lejano y cercano a la vez como el aguacate, es un homenaje a esos indianos que al regresar a su Asturias natal, nos trajeron también un «nuevo mundo de ingredientes» a nuestra cocina.

Ingredientes

3 panecillos redondos
2 aguacates
(para comer en el día)
90 g de queso cabrales
6 filetes de
boquerones en vinagre
Orégano seco al gusto
Sal al gusto
Aceite de oliva
al gusto

Preparación

Antes de empezar a elaborar la receta, precalienta el horno a 180 °C.

Abre los panecillos por la mitad y desecha la miga. Colócalos en una bandeja para horno e introdúcelos en éste durante 3 minutos. Mientras están horneándose, abre el aguacate con un cuchillo y quítale el hueso. Con la ayuda de una cuchara, extrae la carne de cada mitad en una pieza y córtala en láminas de 1 centímetro de grosor. A continuación, saca el pan del horno y rellena cada mitad con un poco de cabrales desmigajado. Después, pon encima una lámina de aguacate y un filete de boquerón en vinagre. Para terminar, espolvorea cada panecillo con un poquito de orégano y un chorrito de aceite de oliva.

Truco

Una forma fácil de quitar el hueso que queda en una de las partes del aguacate al abrirlo es dándole un golpe seco con el filo del cuchillo, de forma que se quede clavado en él. Gíralo a tu derecha y verás cómo se desprende el hueso, quedándose clavado en el cuchillo.

patatas a la riojana

Su origen lo encontramos en el campo. Con cuatro ingredientes básicos obtenemos un plato que da fuerzas para trabajar.

Ingredientes

8 patatas grandes (tipo Monalisa, por ej.)
300 g de chorizo fresco
1 cebolla grande picada
3 pimientos choriceros
Aceite de oliva
2 hojas de laurel
5 dientes de ajo
1 litro y 1/2 (aprox.) de agua
Sal al gusto

Preparación

En una olla, pon a calentar un poco de agua para rehidratar los pimientos choriceros. Limpia los pimientos, quítales el pedúnculo y las semillas del interior. Ponlos en un bol y cúbrelos con el agua caliente. Resérvalos. Si quieres ahorrarte este paso, puedes utilizar puré de pimiento en conserva.

Pon a calentar aceite en una olla de barro. Corta y pica una cebolla y échala en la olla. Remueve mientras se va caramelizando. Añade un par de dientes de ajo picados y 2 o 3 dientes más enteros sin pelar y aplastados.

Pela las patatas y lávalas. Corta la patata chascándola, es decir, el corte no ha de ser liso y uniforme, ya que así no soltará la fécula, que es lo que ayudará luego a ligar la salsa. Añade las patatas a la olla y remueve.

Corta los chorizos en rodajas de 2 cm, aproximadamente, y métalos también en la olla. Remueve un poco, con cuidado de no romper las patatas. Verás cómo en seguida el chorizo empieza a fundirse y a desprender su grasa, y las patatas van adquiriendo un tono anaranjado, debido al pimentón que contiene el chorizo. Sigue removiendo con cuidado.

Retira los pimientos choriceros del agua y escúrrelos. Córtalos por la mitad y acaba de quitar las semillas que hayan podido quedar. No olvides ir removiendo las patatas y el chorizo para que no se peguen. Con la ayuda de un cuchillo, separa la carne del pimiento de la piel. Una vez tengas toda la carne separada, pícala y añádela al guiso. Remueve un poco más, siempre con cuidado. Añade también el agua de rehidratar los pimientos colada.

Cubre totalmente las patatas con agua, sala y echa un par de hojas de laurel. Deja que hierva a fuego lento unos 15 o 20 minutos, hasta que la patata esté blandita.

Consejo

Para que la patata suelte la fécula, practica un corte en ella y antes de terminarlo, da un golpe de muñeca (un cuarto de vuelta). Se trata de cortarla rompiéndola de manera que no quede un corte limpio y plano, sino rugoso.

piquillos rellenos de jamón y queso

Ingredientes

120 g de queso camembert
6 lonchas finas de jamón serrano
12 hojitas de menta
12 pimientos de piquillo en conserva
Un chorrito de aceite de oliva

Preparación

Corta el queso en 12 láminas de medio centímetro de grosor y disponlas sobre un plato. Después, pon media loncha de jamón sobre cada trocito de queso, seguida de una hoja de menta, e introdúcelo todo junto en cada uno de los pimientos de piquillo.

Pon ahora una sartén al fuego con un chorrito de aceite de oliva. Una vez caliente el aceite, fríe en él los pimientos que acabas de rellenar. Cuando el queso se haya fundido y los pimientos hayan adquirido un tono doradito, sácalos de la sartén, ponlos en una bandeja con papel absorbente para que eliminen el posible exceso de grasa y, finalmente, sírvelos.

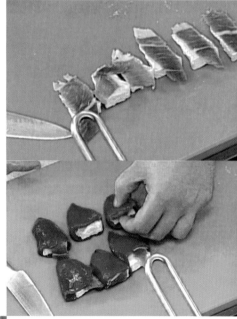

Consejo

Para que te resulte más fácil cortar el queso, es conveniente que lo hagas en frío, es decir, recién salido de la nevera.

rollitos de primavera

Ingredientes

18 colas de langostinos
congeladas
1 zanahoria mediana
1 cebolla mediana
200 g de col china
100 g de brotes de soja
150 g de shiitake
150 ml de salsa de soja
1 paquete de pasta
especial para rollitos
2 claras de huevo
600 ml de aceite de
oliva suave

Preparación

La noche anterior a la preparación de este plato, descongela las colas de langostino dentro de la nevera.

Pela las colas de los langostinos, córtalas en rodajitas de 2 centímetros y resérvalas en el frigorífico. A continuación, pela y corta la zanahoria en juliana fina y, seguidamente, haz lo mismo con la cebolla y la col china. Limpia luego el *shiitake*, córtale el tallo y quédate sólo con el sombrero, que cortarás también en juliana fina.

Pon una sartén a fuego fuerte con un chorrito de aceite y empieza a saltear los ingredientes por este orden: primero, echa la cebolla y saltéala durante 2 minutos. Agrégale un chorrito de soja y resérvala. A continuación, haz lo mismo con la zanahoria, la col china y, finalmente, el *shiitake*. Retira las verduras de la sartén y deja enfriar la mezcla a temperatura ambiente.

Mientras se enfría, saca de la nevera las rodajitas de colas de langostino que tenías reservadas, mézclalas con las verduras e incorpórales los brotes de soja crudos.

Ahora prepararás los rollitos. Para ello, extiende 12 láminas de pasta y pon en el centro de cada una un poco de la mezcla de verduras con langostinos. Dobla hacia adentro aproximadamente dos centímetros de cada uno de los laterales, enrolla la lámina y séllala untando un poquito de clara de huevo con la ayuda de un pincel.

Pon a calentar el aceite de oliva en una sartén a fuego medio y, cuando alcance una temperatura de 180 °C, fríe los rollitos de primavera. Seguidamente, sácalos y ponlos en un plato con papel absorbente para que suelten el aceite sobrante. Para terminar, sírvelos con salsa de soja como acompañamiento.

setas al ajillo con cortezas

Ingredientes

400 g de *boletus edulis*
o de cualquier *seta* de
temporada o de cultivo
5 unidades de cortezas
de cerdo
4 o 5 hojas de albahaca
medianas
2 dientes de ajo
Un chorrito de aceite
Sal gorda al gusto

Preparación

Limpia las setas con un paño húmedo y reserva la parte del sombrero, que es la que usarás para esta receta. Los pies puedes guardarlos para elaborar otros platos (como un sofrito o un caldo).

A continuación, pon a calentar aceite en una sartén y échale el ajo, previamente laminado. Antes de que éste coja color, incorpora las setas a la sartén. Cuando estén doradas, sirve el salteado en un plato y sazónalo al gusto. Seguidamente, ralla las cortezas y espolvorea las setas con la ralladura. Para finalizar, decora el plato con las hojitas de albahaca y sírvelo.

vamos a cocinar

El proceso de limpiar las setas con un paño húmedo es para evitar que se rompan. Por otra parte, si se limpiasen directamente bajo el grifo, además de romperse, absorberían demasiado líquido, cosa que perjudicaría al resultado final de la receta.

tzatziki

En Washington tengo un restaurante llamado «Zay Tinya» que es de cocina greco-turca y nunca falta este plato, el *tzatziki*, que es el «mezze» o tapa griega de más éxito, además, su consumo es muy típico también en Turquía.

Ingredientes

2 pepinos medianos
1 ramita de eneldo
1 diente de ajo
Zumo de 1 limón
1 yogur griego
1 chorrito de aceite de oliva
Sal al gusto

Preparación

Primero pela y despepita el pepino. Luego córtalo en daditos de 1 centímetro y resérvalo en un bol. A continuación, pica finamente el ajo y el eneldo y agrégalos al pepino. Riégalo todo con el zumo de limón y un chorrito de aceite de oliva y, finalmente, incorpórales el yogur y remueve. Sazona el *tzatziki* al gusto y ya lo puedes servir.

wakame salteada

Si nos comemos una verdura como son las acelgas, ¿por qué no las algas?
Sin lugar a dudas en un futuro no muy lejano, la utilización de las algas en nuestra dieta será mucho más común.

Ingredientes

100 g de algas *wakame* secas
Un chorrito de aceite
150 g de dátiles sin hueso
80 g de piñones crudos
600 g de espinacas frescas y limpias
3 fanecas fileteadas, de 600 g cada una
Sal al gusto
Sal de algas al gusto

Preparación

Cuarenta minutos antes de preparar esta receta, deberás hidratar las algas *wakame*. Para ello, ponlas en un recipiente con abundante agua fría y sumérgelas durante 40 minutos. Una vez hidratadas, escúrrelas bien y resérvalas.

Pon una sartén al fuego con un chorrito de aceite. Mientras éste se calienta, corta los dátiles en rodajas de 1 centímetro y, a continuación, fríelos durante 1 minuto. Agrégales ahora los piñones y dóralos. Seguidamente, incorpora a la sartén las espinacas y las *wakame*. Remueve y sigue cocinándolo todo junto hasta que se reduzca el agua que soltarán las espinacas y las algas. Luego, sazónalo y resérvalo tapado para que no pierda calor.

En otra sartén, echa un chorrito de aceite de oliva y fríe los filetes de faneca previamente sazonados. Retira la sartén del fuego y procede a servir. Para ello, dispón en cada plato una base de espinacas y algas, y coloca encima el filete de pescado. Para darle el toque final, espolvoréalo por encima con un poquito de sal de algas.

La *wakame* es un alga que aporta muchos minerales.
Es muy sabrosa y la puedes encontrar en salazón o seca, y se utiliza mucho en ensaladas y salteados.

la clorofila y el color de las

El motivo de que haya espárragos blancos y de que la mayor parte de las endivias sea también de ese color, es porque no reciben los rayos de sol y, por lo tanto, la fotosíntesis no se produce.

La clorofila es un pigmento fotorreceptor que se encarga de transformar la luz solar en energía química.

Gracias a la clorofila, hoy en día tenemos vida en la tierra.

La clorofila es de color verde porque es capaz de absorber toda la gama fotocromática, a excepción precisamente de este color. Esto significa que el verde que vemos realmente es lo que rebota, por eso la clorofila es verde.

Una verdura esta formada en su interior por pequeñas celdas llamadas cloroplastos, en el interior de los cuales se encuentra la clorofila. Cuando sometemos

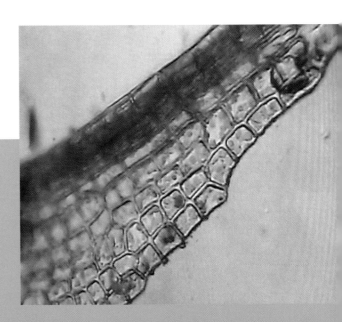

verduras

estas celdas al calor del agua hirviendo, empiezan a desmembrarse y, durante los primeros segundos de ebullición, el aire que hay en los cloroplastos sale al exterior, convirtiéndose en miles y miles de pequeñas lupas que intensifican la percepción del color verde.

Si la cocción de las verduras es larga, hará que la clorofila desaparezca. Por lo tanto, si quieres que el color de las verduras sea más intenso deberás cocinarlas menos tiempo. Por otra parte, si quieres conseguir que la verdura te quede más tierna, es conveniente que añadas un poco de sal al agua de la cocción.

pastas y arroces

arroz caldoso con conejo

Receta que, como no podría ser de otra forma, se la dedico a Cata, Juni, Guille, Marcos y Punky, o lo que es lo mismo «COMBOLINGA» y a su «Vámonos de tapas... vámonos»...

Ingredientes

3 dientes de ajo
2 cebollas medianas
1 conejo troceado
1 hígado de conejo
300 g de rebozuelos
1 ½ k de alcachofas
5 hebras de azafrán
2 cucharadas de pulpa
de pimiento choricero
en conserva
1 vaso de vino de Jerez
1,2 l de agua
500 g de arroz
Perejil al gusto
Aceite de oliva al gusto
Tomillo al gusto
Sal al gusto

Preparación

Para empezar, pela los ajos y las cebollas. Pica los ajos por un lado y las cebollas por otro, y resérvalos por separado.

Pon al fuego una cazuela de barro con un chorrito de aceite de oliva. Una vez caliente, pon a dorar el conejo y el hígado y, a continuación, incorpora los dientes de ajo y sofríelos. Retira el ajo y el hígado y resérvalos. Aparta el conejo a un lado de la cazuela, baja el fuego y echa la cebolla.

Mientras ésta se cuece, limpia y escurre las setas y ve preparando las alcachofas, de las que sólo aprovecharás el corazón (es decir, la parte tierna y blanda). Corta los corazones en cuartos y sumérgelos en agua fría y perejil. Cuando la cebolla esté translúcida, escurre las alcachofas y añádelas a la cazuela, junto con las setas. Pasados unos minutos, es el momento de incorporar el azafrán y la pulpa del pimiento choricero. Remueve el contenido de la cazuela, incorpora el vino de Jerez y déjalo reducir a la mitad para que se evapore el alcohol. A continuación, vierte el agua al cocido y llévalo a ebullición. Seguidamente, echa el arroz y deja que se cueza durante 10 minutos.

Entre tanto, mezcla en un mortero el hígado y los ajos que habías reservado con el perejil, y májalo todo hasta que quede una pasta. Échale unas gotas de aceite.

Transcurridos los 10 minutos de la cocción del arroz, pruébalo y rectifica el punto de sal.

Agrégale a continuación la pasta de hígado y déjalo cocer todo 5 minutos más, añadiendo un poco de agua a la cazuela si es necesario. Por último, incorpora el tomillo para finalizar el plato.

arroz verde con rodaballo

¡Esto sí que es un invento! Una forma de cocinar pescado al vapor haciendo arroz a la vez...

Ingredientes

1 litro de agua

1 cabeza de rodaballo
para el caldo

2 hojas de laurel

2 zanahorias pequeñas

2 calabacines pequeños

½ manojo de
espárragos verdes

1 cebolla mediana

1 diente de ajo

300 g de arroz

1 vasito de vino de blanco

6 cucharaditas de postre
de perejil picado

6 lomos de rodaballo

Aceite de oliva al gusto

Sal al gusto

Preparación

Prepara primero un caldo con un litro de agua, la cabeza del rodaballo y 2 hojas de laurel. Cuando el caldo arranque a hervir, retira las impurezas que suben a la superficie y baja el fuego al mínimo para que siga cociéndose lentamente.

Mientras tanto, prepara las verduras. Pela las zanahorias y córtalas en bastones de un centímetro de grosor. Haz lo mismo con los calabacines y luego corta los espárragos en cuatro partes. Seguidamente, corta la cebolla en juliana y aplasta el diente de ajo sin pelarlo. Una vez tengas todas las verduras preparadas, echa en la olla un chorrito abundante de aceite de oliva y el arroz, y rehógalo un poco hasta que adquiera un tono dorado. Incorpora el ajo y la cebolla y sigue rehogando. Si es necesario, agrega un poco más de aceite. Rocíalo ahora con el vasito de vino blanco, añádele las 6 cucharaditas de perejil picado y remueve. Después, vierte 600 ml del caldo de pescado y sálalo.

* PARA LA ELABORACIÓN DE ESTA RECETA NECESITARÁS UNA VAPORERA, QUE ES UN RECIPIENTE CON ASAS Y UNA REJILLA EN LA BASE QUE SE INTRODUCE EN LA OLLA PARA COCER AL VAPOR.

Ahora, coloca la vaporera y pon los lomos de rodaballo encima junto con las verduras troceadas y un chorrito de aceite de oliva. Tapa la olla y deja cocer el contenido durante 14 minutos. Transcurrido este tiempo, apaga el fuego, destapa la olla y retira el rodaballo.

Para emplatarlo, acompaña el pescado con el arroz y las verduras.

El hecho de haber escogido la cocción al vapor para elaborar este plato es porque, con este procedimiento, los jugos del pescado van directamente al arroz, con lo que se potencia el sabor del plato. Por otro lado, la cocción al vapor permite cocinar platos muy sanos y ligeros.

espaguetis gratinados con pesto rojo

Ingredientes

600 g de espaguetis
2 l de agua
Una pizca de sal
100 g de queso rallado emmental

Para el pesto rojo:

4 hojas grandes de albahaca
50 g de aceitunas negras sin hueso
40 g de piñones tostados
50 ml de aceite de oliva
20 unidades de tomates secos italianos en aceite
2 dientes de ajo
1 rama deshojada de romero fresco
Sal al gusto

Para la salsa de queso:

125 g de queso manchego curado
200 ml de nata líquida
100 g de queso fresco (tipo Burgos)
1 huevo
Sal al gusto

Preparación

Para empezar, pon al fuego una cacerola con agua y una pizca de sal para hervir los espaguetis y enciende el gratinador del horno.

Tritura ahora todos los ingredientes para el pesto rojo con la batidora. Una vez los tengas bien unidos y triturados, ya tendrás la salsa de pesto rojo, que reservarás para después.

Ahora vas a hacer la salsa de queso. Pon la nata líquida a calentar hasta que alcance casi el punto de ebullición. Mientras se calienta, trocea los quesos de la salsa e introdúcelos en el vaso de una batidora. Una vez la nata esté bien caliente, vuélcala en el vaso de la batidora y bátelo todo. Cuando hayas obtenido una salsa homogénea, añádele el huevo y sigue batiendo. Sazona la salsa a tu gusto y resérvala.

Echa ahora los espaguetis al agua, que ya estará hirviendo, y cuécelos al dente o al punto que desees.

Seguidamente, escurre la pasta, pon los espaguetis en un cuenco grande, viérteles la salsa de queso y mézclalo todo. Ahora dispón el pesto rojo en el fondo de una fuente para el horno y, a continuación, los espaguetis mezclados con la salsa de queso. Finalmente, cúbrelos con el queso emmental rallado y gratina la fuente en el horno.

Consejo

No conviene tapar la pasta cuando hierve porque la fécula que desprende sube a la superficie y hace que el agua se derrame.

lasaña de pescado azul

La lasaña era el plato favorito de Cicerone..., no me extraña, porque se puede hacer de mil formas diferentes y todas igual de buenas.

Ingredientes

300 g de boquerones en vinagre
4 tomates maduros
1 cebolla grande
1 berenjena mediana
1 calabacín mediano
1 pimiento mediano
18 placas de lasaña precocida
300 ml de mayonesa
50 g de pepinillos
Menta, perejil, albahaca y eneldo o hinojo al gusto
Sal al gusto
Aceite de oliva

Preparación

Escalda los tomates sumergiéndolos durante 8 segundos en agua hirviendo y refréscalos inmediatamente en agua fría. A continuación, pela y despepita los tomates. Córtalos en daditos y resérvalos. Ahora lava la cebolla, el pimiento, el calabacín y la berenjena y córtalos también en dados.

Pon a hidratar las placas de pasta en agua caliente durante 20 minutos.

Mientras se van hidratando saltea, por turnos, las verduras en una sartén con un chorrito de aceite. Si las salteas así, por separado, podrás controlar mejor su cocción para que queden en su punto, es decir, un poco tiesitas. Luego escúrrelas bien y reserva el aceite que hayan soltado.

Ahora saca la pasta de la lasaña del agua y coloca las placas sobre un trapo de cocina húmedo.

En una fuente, mezcla las verduras salteadas con el tomate y añádeles 3 cucharadas soperas de mayonesa. El resto de la mayonesa servirá para preparar la salsa de acompañamiento.

A continuación prepara el molde para cocer la lasaña. Coloca en el fondo de éste un papel film o de aluminio y tápalo bien con una primera capa de placas de pasta. Seguidamente, con la ayuda de una espátula, esparce por encima una capa de la mezcla de verduras con mayonesa. Pon ahora una capa de boquerones en vinagre bien escurridos y, para terminar la primera tanda, cubre los boquerones con otra capa de pasta de lasaña. Repite el proceso con una segunda tanda de capas y cúbrelo todo con papel film.

Para que la lasaña se compacte, co-
lócale un peso encima por la parte
del papel (para ello puedes usar, por
ejemplo, otra bandeja de dimensio-
nes similares con un paquete de
arroz, de sal, de azúcar, etc., encima
para que ejerza presión) y ponla a enfriar un mínimo de dos horas en la
nevera.

Antes de sacar la lasaña, tritura los
pepinillos y la mayonesa con la batidora y ya tendrás la salsa.

Desmolda ahora la lasaña y retírale el
film de la superficie y de la base. A
continuación, córtala a lo largo y pon-
le la salsa por encima. Por último, riégala con el aceite que habías reservado de saltear las verduras y decórala
a tu gusto con las hierbas aromáticas.

lasaña de verduras y carne

Ingredientes

1 ½ k de
espinacas frescas
100 g de pasas
100 g de piñones
3 dientes de ajo
200 g de panceta
2 hojas de laurel
150 g de queso rallado
Aceite de oliva al gusto
1 l de nata líquida
2 huevos
100 g de queso
Provolone
18 placas de lasaña
precocida
Maizena express
Romero al gusto
Pimienta fresca al gusto
Nuez moscada al gusto
Orégano al gusto
Sal al gusto

Preparación

Antes de empezar, precalienta el horno a 180 °C.

Ahora pon a rehidratar las placas de pasta en agua caliente durante 20 minutos, transcurridos los cuales las escurrirás sobre un trapo de cocina y las reservarás.

A continuación, prepara el relleno: primero lava las espinacas y ponlas a escurrir. Corta la panceta en cubitos y resérvala en un recipiente aparte. Ahora pela los ajos, lamínalos y resérvalos también. Finalmente, corta el queso Provolone en cubitos. Ten a punto también las pasas y los piñones.

Pon al fuego una cazuela con aceite y, una vez caliente, sofríe la panceta con una hojita de laurel. Seguidamente añade los ajos, los piñones y las pasas. Incorpora ahora las espinacas y riégalo todo con 200 ml de nata líquida. Después, agrégale los dados de Provolone y condiméntalo con sal al gusto. Finalmente, echa los huevos en la cazuela y bátelos enérgicamente. Una vez hayas ligado los ingredientes con los huevos, coloca el contenido de la cazuela en una bandeja para que se vaya enfriando. Incorpora el orégano al gusto y mézclalo todo.

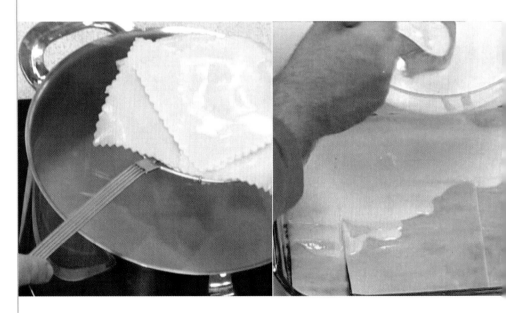

Mientras esperas a que se enfríe, prepara la bechamel. Para ello, hierve en una cacerola el resto de la nata líquida durante unos 3 o 4 minutos con el romero, la nuez moscada rallada y la pimienta. Cuando haya hervido, añade la maizena express y, sin retirar la bechamel del fuego, remuévela hasta que adquiera la consistencia que desees. Sazónala y cuélala a continuación.

Ahora sólo te queda montar la lasaña, que lo harás como se indica a continuación. Extiende la bechamel por el fondo de una bandeja resistente al horno. Seguidamente, coloca una capa de placas de lasaña, sobre la cual distribuirás el relleno. Cúbrelo todo con el resto de las láminas de lasaña y espolvorea toda la superficie con el queso rallado. Para terminar, gratínalo durante 20 minutos aproximadamente.

ñoquis con tomate

Ingredientes

Para los ñoquis:
700 g de patatas
hervidas con piel
1 yema de huevo
300 g de harina
Sal al gusto
Queso parmesano
al gusto
Un chorrito de aceite

Para la salsa de tomate:
2 latas de 400 g de
tomate triturado
Azúcar al gusto
2 dientes de ajo
1 cebolla
1 hoja de laurel
8 hojas de salvia (6 para
decorar los platos y 2
para cocinar)
Una pizca de sal
Un chorrito de
aceite de oliva

Preparación

Elaboración de los ñoquis:

Para empezar a elaborar los ñoquis hay que tener las patatas cocidas. Para ello, pon a hervir agua sin sal en una cazuela e introduce en ella las patatas sin pelar hasta que se hayan cocido bien. Cuando estén hechas, sácalas del agua, quítales la piel y pásalas por un pasapurés.

A continuación, pon el puré de patatas en una fuente junto con la yema de huevo y dales unas vueltas para que se mezclen. Luego, sin dejar de remover, vete incorporándoles la harina poco a poco hasta que quede todo bien unido. Seguidamente, sazónalo con una pizca de sal y un chorrito de aceite y empieza a trabajar la masa manualmente. Cuando ya no se te pegue en las manos, viértela sobre la mesa y sigue trabajándola hasta obtener una masa uniforme que no se agriete mucho. Sabrás entonces que está en su punto.

Divide ahora la masa en cinco partes iguales, con las que debes formar cinco churros del mismo tamaño. Asimismo, deberás dividir cada uno de ellos en partes también iguales, de aproximadamente 2 centímetros. Para darles el aspecto de ñoqui tradicional, presiona levemente cada pieza con un tenedor para que deje la huella impresa en la superficie. De todos modos, también puedes decorarlos con el motivo que quieras o incluso dejarlos lisos.

El paso siguiente es la cocción de los ñoquis. Pon agua en una cazuela a fuego fuerte e incorpora los ñoquis y la sal deseada en cuanto rompa el hervor. Sabrás que están cocidos cuando floten.

Elaboración de la salsa de tomate:

Para hacer la salsa, pela la cebolla, córtala en juliana y resérvala. A continuación, pon al fuego una cazuela con un buen chorro de aceite de oliva y, mientras se calienta, aplasta los dientes de ajo y lava un par de hojas de salvia y el laurel. Una vez se haya calentado el aceite, echa a la cazuela la cebolla seguida de los ajos, la salvia y el laurel. Sazónalo todo con una pizca de sal y deja que se dore durante 4 o 5 minutos, transcurridos los cuales incorporarás el tomate.

Si lo crees necesario, puedes rectificar su acidez con un poco de azúcar. Cuando rompa el hervor, rebaja el fuego y deja que la salsa hierva a fuego lento hasta que esté lista. Comprueba y rectifica entonces el punto de sal de la salsa para que esté a tu gusto

En el momento de emplatar, distribuye la salsa de tomate a modo de lecho entre los platos, y a continuación coloca los ñoquis encima. Finalmente, corona cada plato con una hojita de salvia y espolvoréalo por encima con el queso parmesano.

rigatoni rellenos
de deuxelle

Ingredientes

400 g de rigatoni
2 l de agua
Sal al gusto

Para elaborar el relleno:
1 cebolla grande
600 g de
champiñones frescos
1 puerro
100 ml de vino blanco
150 ml de nata líquida
100 g de queso
emmental rallado
Un chorrito de
aceite de oliva
Sal al gusto

Para elaborar la salsa:
50 ml de vinagre
balsámico
200 g de
champiñones frescos
400 ml de nata líquida
Un chorrito de
aceite de oliva
Sal al gusto
2 hojas de salvia fresca

Preparación

Lo primero que tienes que preparar es el *deuxelle* (el relleno para los *rigatoni*). Para ello, pon una cazuela en el fuego con un chorrito de aceite, pica la cebolla y sofríela durante 5 minutos. Limpia el puerro, pícalo, incorpóralo a la cazuela donde tienes la cebolla y deja que sofría todo junto durante 10 minutos más a

fuego lento. A continuación riégalo con el vino blanco y redúcelo. Añade a la cazuela los champiñones bien picados y deja que se hagan hasta que se evapore el agua que sueltan. Incorpora entonces la nata líquida, sube el fuego y, cuando arranque el hervor, deja que hierva todo durante 5 minutos. Seguidamente echa el queso rallado y, una vez se haya fundido, retira la cazuela del fuego. Sazona el *deuxelle* que acabas de preparar, viértelo en una bandeja y deja que se enfríe.

Ahora cocerás los *rigatoni*. Pon una olla con agua y una pizca de sal al fuego y, cuando el agua empiece a hervir, échale la pasta y déjala cocer durante 10 minutos. Inmediatamente después, cuela los *rigatoni*, refréscalos con agua fría bajo el chorro del grifo y escúrrelos bien. Seguidamente, introduce el *deuxelle* en una manga pastelera o una bolsita de plástico, y rellena con él los *rigatoni*. Ve colocándolos en una bandeja para horno y resérvalos.

vamos a cocinar

Hecho esto, precalienta el horno a 180 °C y empieza a preparar la salsa de acompañamiento. Pon una sartén al fuego con un chorrito de aceite de oliva. Corta los champiñones en láminas y saltéalos a fuego vivo durante 3 minutos, removiendo para que no se quemen. Incorpórale el vinagre balsámico, deja que reduzca, y luego agrega a la sartén la nata líquida y las hojas de salvia. Deja que la nata reduzca también hasta que quede una cremita ligera y, finalmente, sazona la salsa a tu gusto.

Por último, vierte la salsa sobre los *rigatoni* e introdúcelos en el horno durante 10 minutos. Ya estarán listos para emplatar y servir.

Consejo

Para rellenar los rigatoni puedes emplear una manga pastelera de plástico de un solo uso, una manga tradicional, o bien una bolsa de plástico cualquiera. Bastará con que introduzcas en ella el relleno y practiques un pequeño corte en uno de sus extremos, emulando una manga pastelera profesional.

* PARA LA ELABORACIÓN DE ESTA RECETA NECESITAS UNA MANGA PASTELERA O UNA BOLSITA DE PLÁSTICO.

risotto de torta del casar

En Extremadura se produce, tal vez, el mejor queso cremoso del mundo... ¿A qué esperas? Cómprate una torta del Casar ya mismo y deja que tu imaginación haga el resto.

Ingredientes

400 g de arroz
Un chorrito de aceite de oliva
1 cebolla grande
250 g de champiñones frescos
1 torta del Casar grande
1/2 manojo de cebollino
Sal al gusto
2 l de agua

Preparación

Para empezar, pon al fuego una cazuela con el agua. Cuando rompa a hervir, échale el arroz y déjalo hacerse durante 15 minutos para que quede *al dente*. Transcurrido este tiempo, escúrrelo con la ayuda de un colador y ponlo bajo el grifo para refrescarlo.

Ahora, echa un chorrito de aceite de oliva en otra cazuela, ponla al fuego y rehoga la cebolla picada. Mientras se va cociendo, lava las setas lo justo como para que suelten la arenilla y sécalas con un paño. Pícalas finamente y, una vez veas que la cebolla está translúcida, incorpora los champiñones a la cazuela para sofreírlos. Seguidamente, agrega el arroz y mézclalo con el sofrito. A continuación, incorpora la cantidad de torta del Casar que desees, reservando un poco para la decoración, y remueve para que quede todo bien mezclado. Ahora sólo te falta sazonar el *risotto* y presentarlo. Para ello, esparce un poquito de torta del Casar por encima del arroz y corona el plato con el cebollino picado.

Consejo

La torta del Casar es un queso de sabor muy peculiar y bastante fuerte. Por lo tanto, a la hora de elaborar esta receta hay que ser prudente con las cantidades.

el tomate

En los últimos tiempos se han incorporado a nuestros mercados diversas variedades de tomate:

El tomate raf, procedente de la huerta de Almería, es increíblemente peculiar. Debido al suelo en el que se cultiva y a la salinidad de éste, este tipo de tomate adquiere un sabor que va del ácido al dulce. Es muy bueno consumido simplemente con un poco de aceite de oliva, una combinación que lo convierte en un plato único.

El tomate rambo, también de la huerta de Almería, es un tomate ideal para consumir en ensaladas, ya que es muy carnoso.

El tomate kumato (pata negra) tiene su origen en las islas Galápago. Dicen que las tortugas gigantes que habitan esas islas se han alimentado de estos tomates increíblemente dulces desde que el hombre es hombre. Se podría decir que sería el tomate en su origen.

carnes
y aves

albóndigas con sepia

Ingredientes

Para la masa de albóndigas:

400 g de carne picada de ternera

200 g de carne picada de cerdo

80 g de miga de pan (fresca o del día anterior)

100 ml de leche entera

1 diente de ajo pelado

20 g de perejil fresco deshojado

Sal al gusto

Pimienta negra al gusto

1 huevo

250 g de harina

Para terminar el plato:

400 g de sepia (fresca o congelada)

1 cebolla grande

3 setas medianas de la variedad *boletus edulis*

2 pimientos verdes italianos medianos

Agua

1 rama de canela

2 ramitas de orégano fresco

2 dientes de ajo

1 vaso de vino blanco

1/2 l de aceite de oliva

Preparación

Empieza la receta por la elaboración de las albóndigas. Primero pon a remojar la miga de pan en leche. Mientras ésta se va ablandando, mezcla los dos tipos de carne en una fuente. Aparte, haz una picada de ajo y perejil y agrégala a la carne. Bate ahora el huevo y añádeselo también.

Aplasta la miga ya blanda con una cuchara, escúrrela e incorpórala a la fuente de la carne. Por último, échale una gotita de leche, sal y pimienta negra y mezcla bien todos los ingredientes hasta que quede una masa homogénea.

A continuación, ya puedes dar forma a las albóndigas a tu antojo. Cuando las tengas todas preparadas, antes de enharinarlas, pon a calentar aceite para freírlas a fuego medio. Pásalas ahora por harina y fríelas sin que se quemen. Resérvalas en un recipiente aparte.

Con las albóndigas listas ya puedes preparar el resto del plato. Para ello, echa un chorrito de aceite en una cazuela de barro y ponla al fuego a baja potencia. Pela y pica la cebolla y el ajo y luego échalos a la cazuela para sofreírlos. Mientras se van haciendo a fuego lento, pica bien el pimiento verde y resérvalo. Coge ahora la sepia, limpia y sin la bolsa de tinta, y córtala en dados de aproximadamente 2 centímetros.

Cuando veas que la cebolla está translúcida incorpora la sepia a la cazuela, remueve un par de minutos, y agrégale el pimiento picadito. Mientras haces el paso siguiente, ve removiendo de vez en cuando para que no se te queme el sofrito.

Pela ahora la base de las setas. Una a una, quítales la tierra del pie con un cuchillo y, con la ayuda de una servilleta un poco humedecida, límpiales el sombrero. Luego córtalas longitudinalmente por la mitad y resérvalas.

Al sofrito que tienes en la cazuela, échale la ramita de canela y el vaso de vino blanco. Deja que este último reduzca hasta que el alcohol se haya evaporado. Ya puedes incorporar las setas y las albóndigas al guiso. Remuévelo con cuidado y agrégale el agua sin que llegue a cubrir las albóndigas.

vamos a cocinar

Consejo

Para saber cuándo ha reducido el vino en un guiso tienes que hacer una prueba olfativa. Fíjate en que, justo después de verterlo a la cazuela, cuando empieza a hervir desprende un olor a vino muy intenso, a alcohol, mientras que cuando ya ha reducido, es decir, cuando el alcohol se ha evaporado, apenas huele a vino y deja un aroma más sutil.

A continuación, remueve un poco la cazuela con cuidado para que se repartan bien todos los ingredientes. Deja cocer el guiso hasta que la salsa espese al punto que más te guste. Pruébalo de sal y, si lo crees necesario, añádele un poquito más. Ya está listo para servirse.

carpaccio de solomillo

Plato que data del siglo XX y que procede del Harry's Bar de Venecia, donde fue preparado a petición de una clienta a la que su médico le había prescrito comer carne cruda. El nombre le fue puesto a este plato por la similitud cromática con las obras del pintor Victor Carpaccio, obras que se caracterizaban por la profusión del rojo y el amarillo.

Ingredientes

1 taco de solomillo de ternera de 400 g
El zumo de 1 limón
3 cucharadas soperas de salsa Perrins
150 ml de aceite de oliva suave
Pimienta negra molida al gusto
Sal al gusto
30 g de piñones tostados
150 g de queso parmesano reggiano cortado en virutas
10 ramitas de cebollino

Preparación

Corta el solomillo en filetes muy finos, tanto como puedas, y repártelos entre las bolsas de plástico. A continuación, aplasta las bolsas con la ayuda, por ejemplo, de una sartén, un cazo pequeño o un rodillo de pastelería para que la carne quede bien fina. Seguidamente colócalas bien estiradas y apiladas en una bandeja y mételas en el congelador durante 1 hora como mínimo.

Pasado este tiempo, saca del congelador las bolsas con la carne y distribuye los filetes de solomillo entre los platos donde los vayas a servir.

Ahora, prepara la vinagreta. Para ello, echa en un bol el zumo de limón, la salsa Perrins y el aceite de oliva y mézclalo todo bien. Después, salpimenta al gusto el *carpaccio* que tienes en los platos y aliñalos con la vinagreta que acabas de preparar. Incorpora ahora los piñones y las virutas de queso y, finalmente, decóralo todo con el cebollino picado y lleva el *carpaccio* a la mesa.

* PARA ESTA RECETA NECESITAS 6 BOLSAS DE PLÁSTICO TRANSPARENTES.

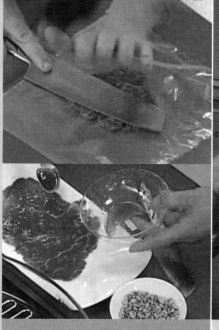

Consejo

Antes de llevar el *carpaccio* a la mesa, asegúrate de que la carne esté fría pero no congelada.

Truco

Hacer carpaccio con bolsas de plástico

Una forma muy fácil de hacer *carpaccio* con cualquier tipo de carne o pescado es elaborarlo ayudándose de una bolsa de plástico transparente. El procedimiento es muy sencillo: basta con colocar el alimento deseado entre dos de estas bolsas y aplastarlo golpeándolo con una sartén, un cazo o un rodillo de pastelería.

carrilleras de ternera a la piña

Ingredientes

6 carrilleras de ternera
limpias y deshuesadas
3 zanahorias
1 puerro
2 cebollas medianas
Pimienta negra al gusto
1 piña grande
1 vaso de vino de Oporto
o similar
Tomillo al gusto
1 diente de ajo con piel
2 hojas de salvia
1 hoja de laurel
1 rama de canela
Sal al gusto
1 cucharada sopera
rasa de maizena exprés
Aceite de oliva
al gusto

Preparación

Primero pela la piña entera y asegúrate de que esté bien limpia. Córtala en 4 partes, quítale la parte fibrosa correspondiente al tronco y resérvala. Seguidamente, corta uno de los cuartos de piña en daditos y resérvalos para la guarnición. Trocea las otras tres piezas de piña y tritúralas en el vaso de la batidora hasta que obtengas un puré. Cuélalo y reserva el jugo por un lado y el puré por el otro.

Pon ahora a calentar aceite a fuego fuerte en una fuente que pueda ir al horno. Divide cada carrillera en dos mitades, sazónalas con sal y pimienta negra a tu gusto y, cuando el aceite ya esté caliente, ponlas a dorar. Una vez doradas retíralas y resérvalas.

Aprovecha ese mismo aceite para hacer la cebolla, la zanahoria y el puerro, que previamente habrás lavado y cortado en daditos. Remueve las verduras de vez en cuando y deja que vayan dorándose.

Antes de seguir elaborando el plato, pon el horno a precalentar a 180 °C.

Agrega ahora a las verduras una hoja de laurel, una rama de canela y un diente de ajo con piel y aplastado. Remuévelo todo un poco más y, cuando las verduras ya estén doradas, riégalas con el Oporto, flaméalas y deja que el vino reduzca un poco. Añádeles las carrilleras y baja la potencia del fuego. A continuación, rocía el cocido con el jugo de piña que habías reservado y mételo en el horno durante dos horas aproximadamente. Es importante que vayas girando los trozos de carne durante la cocción para que se haga y se dore bien.

Pasadas las dos horas, saca la bandeja del horno, retira las carrilleras y córtalas en medallones. Aparte, cuela las verduras y pon a calentar el jugo que suelten. Cuando arranque el hervor, agrégale una cucharada de maicena exprés para que espese, remueve y deja que reduzca un poco. Prueba ahora el punto de sal y rectifícalo si lo consideras necesario.

Por último, sólo te queda la presentación. Reparte daditos de piña por el fondo de una fuente plana. Dispón encima las carrilleras en medallones y cúbrelas con la salsa de verduras. Finalmente, decora el plato con un poco de tomillo y unas cucharadas del puré de piña que habías reservado al principio.

Truco

La piña contiene bromelina, una sustancia que tiene la propiedad de desnaturalizar las proteínas, por lo que ayuda a ablandar las carnes, además de aromatizarlas.

chorizo a la sidra

Si vas a Mieres, no dejes de visitar el Requejo, situado en la parte antigua de la ciudad. En cualquiera de las sidrerías podrás saborear un maravilloso chorizo a la sidra, bueno... ¡como en cualquier parte de Asturias!

Ingredientes

3 chorizos asturianos
Un chorrito de aceite de oliva
½ litro de sidra

Preparación

Para empezar, pon a calentar un poco de aceite de oliva en una cazuela de barro.

A continuación, corta los chorizos en rodajas y, cuando el aceite ya se haya calentado un poco, échalas dentro de la cazuela.

Cuando las rodajas de chorizo ya estén doradas, añade la sidra. Deja que cueza a fuego fuerte, hasta que hierva, y luego bájalo a fuego medio hasta que la sidra haya reducido (unos 10 minutos).

Cuando vayas a servirlo, puedes hacerlo con pan tierno o tostado, como tú prefieras.

Consejo
Si sustituyes el chorizo por
morcilla tendrás... morcilla
a la sidra

cochifrito

Ingredientes

½ cochinillo cortado en
trozos pequeños
25 g de manteca de
cerdo
1 cebolla grande
3 o 4 dientes de ajo
Tomillo al gusto
Romero al gusto
10 g de pimentón de la
Vera dulce
8 patatas pequeñas
½ l de aceite de oliva
Sal al gusto
Agua mineral
Zumo de 2 limones

Preparación

Antes que nada, precalienta el horno a 180 °C. A continuación, ya puedes empezar a preparar las patatas para la guarnición del cochifrito. Lávalas bajo el chorro del grifo, envuelve cada una de ellas con papel de aluminio y hornéalas durante unos 30 minutos a 180 °C.

Entre tanto, harás el cochifrito. Calienta el aceite de oliva con la manteca de cerdo en una cazuela de barro o en una olla baja de metal. Coloca los trozos de cochinillo en la cazuela de modo que la piel quede abajo y déjalos dorar lentamente unos 15 o 20 minutos, hasta que veas que están crujientes.

Mientras se dora el cochinillo, ve preparando y reservando aparte los ingredientes del aderezo: por un lado, pica la cebolla bien fina, a la que añadirás los ajos aplastados con la piel; luego, lava el tomillo y el romero; por último, exprime los dos limones y resérvalos también.

Cuando la piel del cochinillo esté bien dorada, incorpórale la cebolla con el ajo y remuévelo todo bien. Agrégales el romero y el tomillo. Espera a que la cebolla y el ajo estén bien sofritos para echar el pimentón y, a continuación y sin dejar que se queme, rocíalo todo con el zumo de limón. Espera a que reduzca y añade entonces un poquito de agua al cocido sin que lo llegue a cubrir. Déjalo al fuego de 10 o 15 minutos más y sazónalo al gusto.

Saca ahora las patatas del horno, que ya estarán listas, y retírales el papel de aluminio.

Para presentar el cochífrito, emplátalo con las patatas cortadas por la mitad. Adórnalo con una rama de romero y espolvorea las patatas con una pizca de sal para terminar.

flamenquines

Típico de Córdoba, en algunos sitios se dice que los «flamenquines» provienen de la gastronomía gitana y que su nombre se debe a ese color de su rebozado, rubio como los flamencos que llegaron a España acompañando al emperador Carlos V.

Ingredientes

12 filetes de lomo de cerdo

6 lonchas finas de queso tierno

200 g de harina

2 huevos

300 g de pan rallado

1/2 l de aceite de oliva

200 g de tomate italiano en conserva

3 ramitas de hierbabuena

Sal al gusto

Pimienta negra al gusto

Preparación

Espalma los filetes de cerdo, salpiméntalos y estíralos en una bandeja. Después, pon media loncha de queso encima de cada uno de ellos y haz unos rollitos.

Aparte, prepara un cuenco con los huevos batidos, un plato con la harina y otro con el pan rallado. A continuación, reboza los rollitos pasándolos primero por la harina, después por el huevo y, por último, por el pan rallado. Reserva los rollitos rebozados o flamenquines y ponte a preparar la salsa de tomate rápida. Para ello, echa en el vaso de la batidora los tomates italianos, la hierbabuena y un chorrito de aceite de oliva, y tritúralo bien hasta obtener una salsa fina.

Una vez esté lista la salsa, pon al fuego una sartén con aceite y, cuando esté bien caliente, fríe los flamenquines hasta que estén bien dorados. Ahora sólo te falta servirlo. Reparte una base de salsa de tomate por el fondo del plato y coloca encima los flamenquines.

La acción de espalmar la carne consiste en aplastarla para que se rompan las fibras y esté más tierna. Además, de esta forma queda más fina, lo que es imprescindible para la elaboración de esta receta.

lomo a la sal

Mi amigo Santiago Martín me invitó a pasar un fin de semana en su pueblo que está en La Alberca (Salamanca). Después de varias comidas y cenas «ligeritas» donde las haya, decidimos que el último día cocinaríamos algo que no fuera muy pesado para paliar los efectos de los «homenajes» que nos habíamos dado: un buen lomo de ibérico asado con un fuego de leña... ¡todavía estoy haciendo la digestión!

Ingredientes

1 k de cinta de lomo de cerdo
Tomillo fresco al gusto
Romero fresco al gusto
Orégano fresco al gusto
2 k de sal gorda
1 k de sal fina
1 vaso de agua
4 cabezas de ajo morado
3 manzanas reineta
1 canela en rama
La piel de un limón
Aceite al gusto
50 g de mantequilla
1 cucharada sopera de azúcar moreno

Preparación

Para empezar, pon a precalentar el horno a 190 °C.

Ahora, mezcla en un cuenco el tomillo, el romero y el orégano con la sal gorda y la sal fina. Añádeles un poco de agua y sigue mezclándolos.

En una fuente de horno, pon una capa de la mezcla de sal en el fondo, coloca encima la cinta de lomo y cúbrelo con el resto de la mezcla. Aprovecha la misma fuente para asar las cuatro cabezas de ajo. Introdúcelo todo en el horno y deja que se vaya haciendo durante una hora aproximadamente, tiempo que dedicarás a preparar la guarnición de manzana.

Pon a calentar una sartén con un poco de aceite y un poco de mantequilla. Pela las manzanas, quítales el corazón y córtalas en gajos del mismo tamaño. A continuación, pon los gajos en la sartén con la rama de canela, una pizca de sal y 2 o 3 trozos de la piel del limón. Espolvoréalo todo con azúcar moreno y deja que las manzanas se doren y caramelicen poco a poco.

vamos a cocinar

Pasados los 60 minutos de la cocción de la carne, saca el lomo del horno y déjalo en reposo mientras preparas el puré de ajo.

Corta las cabezas de ajo asadas por el extremo superior. Saca la pulpa a un colador, aplástala con una cuchara hasta obtener un puré fino y échale un chorrito de aceite de oliva. Finalmente, abre la corteza de sal, saca el lomo y córtalo en filetes. Sírvelos acompañados de las manzanas y el puré de ajo, y decora el plato con un poco de tomillo.

Consejo

Cuando compres la pieza de cinta de lomo, pídela de la zona más cercana a la cabeza del cerdo, pues es la parte con más grasa y, por lo tanto, más jugosa.

magret con peras caramelizadas

Ingredientes

4 peras conferencia
medianas
50 g de azúcar
60 ml de vinagre de
Jerez
150 ml de vino tinto
1 rama de canela
15 g de cebollino
2 piezas de magret de
pato
Un chorrito de aceite de
oliva
Sal gruesa al gusto
1 bandeja de grosellas

Preparación

Para hacer este plato empezarás por la guarnición.

Haz un corte en la parte superior de las peras y otro en la base. A continuación, pélalas y sácales el corazón. Reserva una de las peras tal y como está y corta en gajos el resto.

Pon ahora al fuego una sartén con el azúcar bien esparcido por toda la base, de modo que la cubra bien. Cuando el azúcar empiece a caramelizarse, es decir, cuando adquiera un poquito de color, agrégale los gajos de pera y, seguidamente, la rama de canela partida en dos. Riégalos con la mitad del vinagre y deja que reduzca durante 1 minuto. Seguidamente, incorpora el vino, espera a que arranque el hervor y entonces baja el fuego al mínimo. Déjalo cocer todo 5 minutos más, apaga el fuego y reserva la pera caramelizada dentro de la sartén

A continuación prepararás una vinagreta. Para ello, recupera la pera que habías reservado entera y córtala en daditos pequeños. Ponla en un cuenco e hidrátala con un chorrito de aceite de oliva y la otra mitad del vinagre de Jerez. Después, pica el cebollino finamente, incorpóralo al cuenco, mézclalo bien y reserva la vinagreta de pera.

Ahora ha llegado el momento de preparar el magret de pato. Toma las piezas de magret, hazles unas incisiones en forma de rombo por la parte de la grasa y sazónalas. Pon al fuego una sartén sin aceite y, cuando esté caliente, coloca el magret de pato de modo que la parte grasa quede abajo.

Déjalo hacerse 5 minutos, dale la vuelta, y déjalo al fuego 5 minutos más para que se haga por el otro lado. Transcurrido este tiempo, retíralo de la sartén, envuélvelo en un papel de aluminio y déjalo reposar 5 minutos antes de filetearlo.

Para terminar el plato, pon a fuego medio la sartén donde tienes reservados los gajos de pera. Mientras éstos se calientan, corta el magret de pato en filetes. Ahora, dispón en un lado del plato el magret fileteado y en el otro, los gajos caramelizados y las grosellas. Finalmente rocíalo todo por encima con la vinagreta de pera.

morcilla con cabrales

Plato ilógico en concepción y maravilloso en resultado.

Ingredientes

3 morcillas de arroz
60 g de queso cabrales
30 ml de sidra
Un chorrito de aceite de oliva
1 ramita de tomillo
30 g de nueces peladas

Preparación

Pon una sartén al fuego con un chorrito de aceite. Echa las morcillas enteras y deja que se doren y suelten su propia grasa. A continuación, sácalas y resérvalas.

Aparte, mezcla el queso cabrales y la sidra en un cuenco. Ayudándote con un tenedor, aplástalo bien hasta que obtengas una pasta fina y, después, extiende la pasta sobre un plato. Abre ahora las morcillas por la mitad y, con la ayuda de una cuchara, extrae la carne y distribúyela en el plato por encima de la pasta de cabrales. Ahora sólo te queda decorarlo. Para ello, rompe las nueces con las manos y espárcelas por encima del plato. Por último, deshoja la ramita de tomillo y espolvoréalo todo con las hojas.

pato con uvas

Ingredientes

Para la salsa:
2 carcasas de pato
Un chorrito de aceite de
oliva
1 cebolla mediana
1 zanahoria grande
1 puerro
3 dientes de ajo
200 ml de vino tinto
3 l de agua

Para el pato con uvas:
2 patos azulón
cortados en cuartos
200 ml de brandy
100 g de pasas de
corinto
Un chorrito de aceite
Sal al gusto
Pimienta negra molida al
gusto
4 hojas de salvia
1 rama de canela
300 g de uvas blancas

Preparación

El día anterior a la elaboración de este plato, prepara la salsa para que coja más sabor. Para ello, lo primero que tienes que hacer es lavar bien las carcasas de pato. Resérvalas y pon al fuego una olla con un chorrito de aceite de oliva. Mientras se calienta el aceite, pica la cebolla, la zanahoria y la parte verde del puerro en juliana gruesa. Ahora, echa las carcasas de pato a la cazuela y déjalas hasta que se doren bien. Incorpora entonces las verduras y el ajo aplastado y con la piel. Remuévelo todo y déjalo al fuego entre 8 y 10 minutos.

Transcurrido ese tiempo, riega el guiso con el vino y vuelve a remover. Espera a que el vino se reduzca a la mitad, agrega el agua a la cazuela y ponlo a cocer todo a fuego lento durante 1 hora y cuarto. Pasado este tiempo, cuélalo y reserva la salsa en la nevera hasta el momento de preparar el plato.

Al día siguiente, saca la salsa del frigorífico y retira la película de grasa que se habrá formado encima. Resérvala a temperatura ambiente y ponte a preparar el pato.

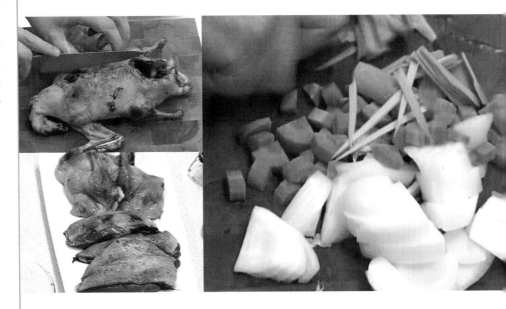

En un cazo, calienta el brandy a fuego lento. Una vez esté caliente, trasvásalo a un cuenco y agrégale las pasas para que se ablanden. Resérvalo.

Pon una cazuela al fuego con un chorrito de aceite. Salpimenta los muslos y las pechugas de pato y, a continuación, dora las pechugas. Colócalas primero durante 2 minutos con la grasa de cara a la sartén y luego, dales la vuelta y deja que se doren 2 minutos más por el otro lado y resérvalas. Haz lo mismo con los muslos y resérvalos también. Quita el exceso de grasa de la cazuela y ponla de nuevo en el fuego con las pasas con brandy que tenías reservadas, las hojas de salvia y la canela. Deja que el brandy reduzca durante 3 minutos.

Después, incorpora los muslos de pato y cúbrelo todo con la salsa que habías preparado el día anterior. Lleva el guiso a ebullición, baja el fuego y deja que se cocine durante 2 horas.

Transcurrido este tiempo, los muslos ya estarán blanditos, por lo que será el momento de agregarle las uvas peladas y dejarlo cocerse 5 minutos más.

Por último, corta ahora las pechugas en cuatro trozos, incorpóralas a la cazuela y, cuando estén calientes, apaga el fuego. Ya puedes emplatar y servir el plato.

pollo a la cerveza

Ingredientes

1 ½ pollo troceado

3 latas de cerveza rubia

sal al gusto

Pimienta al gusto

2 cebollas medianas

1 puerro mediano

4 dientes de ajo

2 ramitas de tomillo

2 hojas de laurel

150 g de rebozuelos

225 g de cebollitas de guarnición

Un chorrito de aceite de oliva

Preparación

La noche anterior a la elaboración de la receta, pon a marinar el pollo con la cerveza.

Para empezar a preparar el plato, escurre el pollo y reserva la cerveza. Pon al fuego una cazuela con un chorrito de aceite, salpimenta el pollo y, cuando el aceite esté caliente, dóralo.

Mientras éste se va haciendo, pela las cebollas y córtalas en juliana. Haz lo mismo con el puerro. Cuando veas que el pollo está hecho, sácalo y resérvalo. En la misma cazuela, sofríe ahora la juliana de cebolla y puerro, los dientes de ajo con piel y aplastados, el tomillo y el laurel durante 15 minutos a fuego lento.

Aprovecha este tiempo para pelar las cebollitas y limpiar las setas pasándolas por agua, y sécalas luego con un paño. En una sartén aparte, saltea las cebollitas con un chorrito de aceite durante 5 minutos a fuego medio. Transcurrido este tiempo, añade las setas, deja 5 minutos más y reserva. Vuelve a agregar el pollo a la cazuela del sofrito, remueve y riégalo con un vaso de la cerveza con la que habías marinado el pollo. A medida que ésta se vaya evaporando, ve agregando vasos de cerveza a la cazuela hasta terminarla. A continuación, incorpora las setas y deja que se cocine todo junto durante 5 minutos. Por último, sazona el guiso y sírvelo.

rabo de buey

Ingredientes

1,5 k aprox. de rabo de
buey, cortado en
medallones de 3-4 cm
2 botellas de vino tinto
de calidad
2 puerros
2 zanahorias
1 apio
2 cebollas
5 bayas de enebro
$^1/_2$ unidad de canela en
rama
2 hojas de laurel
20 g de azúcar moreno
Sal fina al gusto
Sal gorda al gusto
Pimienta al gusto
Un chorrito de aceite de
oliva
250 g de cebollitas de
guarnición
350 g de setas de
cardo, rebozuelos o
cualquier otra seta que
prefieras

Preparación

La noche antes, pon a marinar la carne cubierta con el vino, la canela en rama, las bayas de enebro y las verduras (puerros, zanahorias, cebollas y apio) que previamente habrás cortado a dados pequeños. A continuación, tápalo y déjalo en un sitio fresco, o bien mételo en la nevera.

Al día siguiente, empieza por precalentar el horno a 180 °C.

Luego, saca la carne de la marinada, escúrrela y sécala con un paño o con papel absorbente. Cuela el vino y resérvalo.

A continuación, calienta una olla con un poco de aceite para saltear las verduras de la marinada. Añade una hoja de laurel y saltéalas a fuego medio.

En otra olla, pon a dorar la carne previamente salpimentada. Para este plato no hará falta enharinarla. Debes dorar bien la carne por todos los lados, a fuego medio, durante unos diez minutos aproximadamente. Una vez dorada, retírala del fuego y ponla en una bandeja de horno, con las verduras ya salteadas por encima.

En esa misma olla, tras retirar el aceite sobrante, echa el vino de la marinada.

De esta manera aprovecharás las sustancias que ha dejado la cocción de la carne. Reduce el vino aproximadamente a una cuarta parte de su volumen. Retira la espuma para eliminar impurezas las veces que sea necesario. Añade un poquito de azúcar moreno.

Cuando haya reducido, viértelo por encima de la carne y las verduras y acaba de cubrirlo todo con agua. Añade también unas ramitas de tomillo y de romero e introdúcelo en el horno. Déjalo cocer 2 horas y media aproximadamente. Durante este tiempo, da la vuelta a los trozos de carne de vez en cuando para evitar que se sequen demasiado.

Mientras el rabo de buey está en el horno, aprovecha para preparar la guarnición.

En una sartén con un poco de aceite pon a dorar las cebollitas. Lava y escurre bien las setas y añádelas a la sartén. Añade sal. Cuando todo esté dorado, resérvalo.

Pasadas las 2 horas y media, saca la bandeja del horno y retira los trozos de carne. Ponlos en una olla y cuela todo el caldo restante aplastando las verduras con una cuchara para extraer todo su jugo. Añádelo a la carne y cuécelo todo a fuego medio, para que reduzca aún un poco más.

Después, añade la guarnición que habías preparado y termina de cocer.

Por último, emplata y sirve decorando el plato con una ramita de tomillo fresco y un poco de sal gorda.

Consejo

Si no tienes azúcar moreno, puedes poner azúcar blanco o, incluso, una cucharadita de miel.

las partes secretas del cerdo

Hay partes del cerdo ibérico que no son muy conocidas, como la carrillera, la castañuela, la sorpresa, la presa, la pluma, el lagarto, el secreto o el falso secreto.

La **carrillera** es una pieza redonda que se encuentra en la mandíbula inferior. Es una carne muy melosa, tierna y jugosa. Está recomendada para platos de larga cocción como los guisos.

La **castañuela** es la glándula salivar, y cada cerdo ibérico cuenta con tan sólo 60 gramos de este órgano. Es una pieza poco musculosa, muy difícil de encontrar e ideal para cocinar a la plancha.

La *sorpresa* es el músculo temporal interior. Cada cerdo tiene también un máximo de 80 gramos de este músculo y se cocina, asimismo, a la plancha o a la parrilla

La **presa** la encontramos cerca de la cabeza y es una carne muy veteada, lo que hace que al cocinarla quede tierna y crujiente. Es ideal para hacerla a la plancha, a la brasa o en el horno.

La **pluma** es exactamente la parte anterior al lomo, y en un cerdo esta pieza puede llegar a pesar más de 450 gramos. Es una carne jugosa,

y poco hecha resulta muy rica. También puede hacerse a la parrilla y, aunque se consuma más tostadita, queda también muy bien.

El **lagarto** es una de las partes que menos se utiliza, por lo que no es tan conocida. Esta pieza es una tira alargada, fina y con mucha fibra que se encuentra justo al lado del lomo. Se suele utilizar sobre todo para la elaboración de embutidos. También sirve para hacer brochetas y cocinarse a la parrilla.

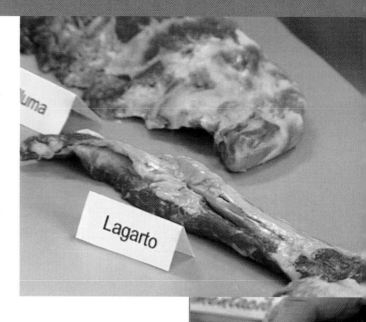

El **secreto** lo encontramos en la parte dorsal anterior del tocino. Es una carne blanquecina y debe consumirse bastante hecha, pues al tener una gran proporción de grasa siempre quedará tierna. Hoy en día se encuentra en las mejores mesas

Y por último tenemos el **falso secreto**, el músculo cutáneo situado en la parte inferior del cuello. Es una carne también muy entreverada, aunque algo más fibrosa.

pescados y mariscos

anchoas con nectarina

Ésta fue la primera tapa que se me ocurrió de camino a mi primera reunión en TVE iy por ello, se la quiero dedicar a Begoña y Ronqui!

Ingredientes

1 nectarina
6 anchoas del Cantábrico en aceite
Vinagre balsámico al gusto

Preparación

Lava la nectarina, córtala y extráele el hueso. Divide ahora cada mitad en 6 gajos. A continuación, escurre las anchoas y reserva su aceite. Luego córtalas por la mitad y envuelve cada gajo de nectarina con un trozo de anchoa.

Pincha cada paquetito con un palillo para que no se deshaga, y coloca los pinchos en la bandeja donde vayas a servirlos. Para terminar, mezcla el aceite de las anchoas con la cantidad de vinagre balsámico que desees y aliña el plato con la mezcla.

arenques con uvas

Ingredientes

2 arenques en
salazón
100 g de uvas
blancas
15 ml de vinagre
de manzana
30 ml de aceite
de oliva
Pimentón dulce
de la Vera al gusto

Preparación

Limpia los arenques y quítales la espina. A continuación, córtalos en trozos de 3 centímetros, disponlos en el plato donde los vayas a servir y resérvalos.

Pela ahora las uvas, córtalas por la mitad y quítales las pepitas. Repártelas por encima de los arenques y aliñalo todo con el aceite de oliva y el vinagre. Para terminar, espolvoréalo con el pimentón.

bacalao a bras

Ingredientes

6 trozos de bacalao
fresco de 150 g
cada uno
3 patatas grandes
3 cebollas medianas
Un vaso de oporto
300 g de aceitunas
negras sin hueso
3 huevos grandes
½ manojo de cilantro
deshojado
1 l de aceite de oliva
suave
Sal al gusto

Preparación

Antes de empezar, precalienta el horno a 190 °C.

En una sartén con un chorro de aceite de oliva, sofríe la cebolla picada en juliana con el fin de caramelizarla y, una vez bien pochada, riégala con el oporto y deja reducir el vino. Resérvala.

Por otro lado, pela las patatas y córtalas en juliana muy fina para hacer patatas paja. A medida que las vayas cortando, ve poniéndolas en un cuenco con agua fría para que no se oxiden. Una vez cortadas, lávalas con agua para que suelten la fécula, escúrrelas bien y sécalas con la ayuda de un papel de cocina o un trapo para que no salten al echarlas al aceite. Calienta ahora una sartén con aceite, fríe las patatas y resérvalas.

El siguiente paso va a ser preparar el aceite de cilantro. Para ello, pon en la batidora o vaso americano las hojas de cilantro limpias y 100 mililitros de aceite de oliva, y tritúralos juntos hasta obtener una aceite verde y un poco espeso. Resérvalo.

Ha llegado el momento de hacer el bacalao. Echa un chorrito de aceite en una bandeja para el horno y coloca encima los trozos de bacalao con la piel en la parte inferior. Condiméntalo con un poco de aceite y sal y mételo en el horno de 8 a 10 minutos.

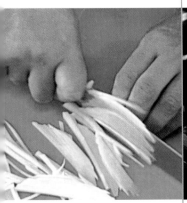 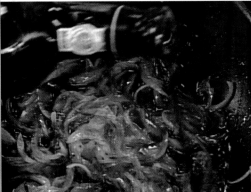 

Ahora sólo te queda preparar el revuelto de patatas y cebolla caramelizada. Primero bate los huevos en un cuenco con una pizca de sal. Luego pon una sartén al fuego con la cebolla y las patatas paja para calentarlas. Una vez calientes, agrégales el huevo batido y mézclalo todo bien a modo de revuelto.

Para emplatar, sirve un lecho del revuelto en cada plato y dispón el bacalao encima. Por último, corónalo con una picada de aceitunas negras y una cucharada del aceite de cilantro.

berberechos con naranja

Homenaje a toda la industria conservera española. Cuando se está en el extranjero... ¡cómo se aprecia una buena lata!

Ingredientes

1 lata de
berberechos
1 naranja
1 limón
Un chorrito
de aceite de oliva
Pimienta
negra al gusto

Preparación

Abre la lata de berberechos, escúrrelos y reserva el caldo. Pela ahora la naranja y separa los gajos. Límpialos bien para que no queden restos de piel blanca.

Aparte, en un cuenco, prepara una vinagreta con un chorrito de aceite, el zumo de medio limón y la mitad del caldo de los berberechos que has reservado al escurrirlos.

* PARA SERVIR ESTE PLATO NECESITARÁS CUCHARAS CHINAS DE APERITIVO.

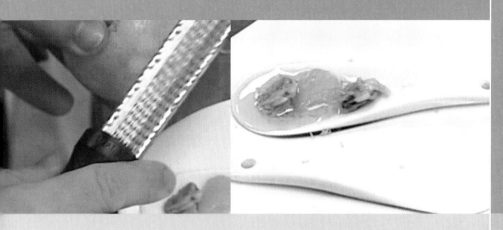

Dispón las cucharas chinas en una bandeja y pon, en cada una de ellas, 2 berberechos y un gajo de naranja. A continuación, aliña el contenido de cada cuchara con la vinagreta. Para terminar, ralla un poco de la piel del limón y espolvorea las raciones con la raspadura y un poco de pimienta negra.

besugo a la sal

Visitando Turquía, y en esa maravillosa ciudad que es Estambul, me encontré, sorprendentemente, con un lugar donde cocinaban esta especialidad tan nuestra.

Ingredientes

Para el besugo:
1 besugo de 2 k,
limpio pero sin escamar
2 k de sal gorda
250 g de sal fina
Agua
Romero al gusto
Tomillo al gusto
Laurel al gusto
Perejil al gusto
Menta al gusto

Para la guarnición:
100 g de rebozuelos
6 tomates cherry
3 cebolletas pequeñas
200 g de judías verdes
3 dientes de ajo
Aceite de oliva
Un chorrito de
vinagre de Jerez
Una pizca de sal

* PARA ESTA RECETA NECESITAS TENER HIELO

Preparación

Elaboración del besugo:

Enciende el horno a 200 °C para que se vaya calentando. A continuación, lava y desmenuza las hierbas aromáticas y mézclalas con la sal gorda y la sal fina en una fuente grande. Rocíalo todo con un poco de agua, justo para humedecer la mezcla.

Ahora distribuye la mitad del contenido de la fuente por la base de una bandeja para el horno. Coloca el besugo en el centro de la bandeja e introduce

unas hojas de laurel en su interior. Después, cubre totalmente el pescado con el resto de la mezcla y hornéalo a 200 °C durante 50 minutos, tiempo que dedicarás a preparar la guarnición.

Elaboración de la guarnición:

Pon a hervir una cacerola con agua y prepara al lado un cuenco con agua y hielo.

Ahora haz un corte en la base de los tomates y sumérgelos en el agua hirviendo durante 3 segundos. Seguidamente, refréscalos en el agua con hielo para que se rasgue la piel y puedas pelarlos con facilidad.

Limpia las judías verdes y ponlas a cocer un minuto. Refréscalas en el agua con hielo y trocéalas después.

Por último, corta las cebolletas en tres trozos, escáldalas durante 1 minuto y refréscalas en el agua con hielo también.

vamos a cocinar

A continuación, lava y trocea las setas. Pon a calentar aceite en una sartén y échale los tres dientes de ajo sin pelar y las setas. Agrégales los tomates, las cebolletas y las judías que habías escaldado. Sazónalo con una pizca de sal y asegúrate de que la sartén tenga aceite abundante. Por último, una vez haya arrancado el hervor, riégalo todo con un chorrito de vinagre de Jerez.

Para entonces ya habrán pasado los 50 minutos de horneo. Saca ahora el besugo y retírale la capa de sal que tiene por encima. Quítale la piel y sírvelo acompañado de la guarnición de verduras.

Dado su grosor, si usáramos únicamente sal gorda para cubrir el besugo no obtendríamos una capa lo suficientemente consistente como para evitar que el pescado pudiera transpirar. De ahí que la mezclemos con la sal fina, que tapa perfectamente cualquier hueco que pueda haber. Así, con el besugo bien sellado, podrá hacerse en su propio jugo.

besugo ahumado

Ingredientes

1 besugo grande
o 3 de ración (limpio y
sin escamas)
3 cebollas
grandes
100 g de tomates secos
italianos en aceite
25 g de alcaparras
45 g de aceitunas
negras sin hueso
45 g de aceitunas verdes
sin hueso 250 ml de vino
tinto de calidad
100 ml de brandy
1/2 manojo de
tomillo seco
1/2 manojo de
romero seco
4 hojas de laurel seco
1 chorrito de aceite de
oliva
Sal al gusto

Preparación

Antes de empezar, precalienta el horno a 190 °C.

Ahora corta las cebollas en juliana y póchalas a fuego medio durante 15 minutos. Una vez bien pochadas, añádeles los tomates secos cortados también en juliana, las alcaparras y las aceitunas verdes y negras. Seguidamente, riega el sofrito con el vino tinto hasta cubrirlo. Deja que el caldo reduzca aproximadamente a la mitad, hasta que veas que casi no queda vino, y resérvalo.

Aparte, en un recipiente resistente al horno, haz un lecho con la mitad del romero, del tomillo y del laurel. Coloca el besugo encima y cubre el pescado con la otra mitad de las hierbas. Por último, rocíalo con un chorrito de aceite de oliva e introduce el recipiente en el horno durante 15 minutos a 190 °C.

Transcurrido este tiempo, retíralo del horno y, sin sacar el contenido de la bandeja, riégalo con el brandy. Flaméalo ahora con la ayuda de un mechero o cerilla, asegurándote de que las hierbas prendan bien y, sin que se apague la llama, tápalo inmediatamente con un recipiente en forma de campana (la forma del recipiente es importante para que no toque el contenido de la bandeja). Antes de pasar a servir el pescado, deberás mantenerlo todo tapado un mínimo de 3 minutos.

A continuación emplata el besugo. Para ello, sirve las raciones de pescado acompañadas del sofrito, una pizca de sal y un chorrito de aceite.

El ahumado se produce porque, al tapar el flameado, el fuego se ahoga y entonces el espacio entre los recipientes se llena de humo. De ahí proviene el «sabor ahumado».

bienmesabe de pez balder

Es increíble cómo un buen adobo gaditano te puede alegrar el día

Ingredientes

100 ml de agua

100 ml de vinagre de Jerez

2 dientes de ajo

3 g de orégano seco

3 g de comino en grano

1 hoja de laurel

300 g de pez balder cortado en dados

Pimentón de la Vera al gusto

Sal al gusto

200 g de harina para freír

$1/2$ l de aceite de oliva

Preparación

En una fuente grande, mezcla el agua con el vinagre. Después, machaca los ajos, el orégano, el comino y el laurel con un mortero y, a continuación, vierte la mezcla en la fuente y remueve. Seguidamente sazona el pescado con la sal y el pimentón, sumérgelo en el preparado de la fuente y ponlo a macerar en la nevera durante un mínimo de 3 horas.

Transcurrido este tiempo, pon a calentar aceite en una sartén. Escurre los dados de pescado, enharínalos y, cuando el aceite esté bien caliente, fríelos. Finalmente, retira el pescado a un plato con papel absorbente para que escurra bien el aceite y sírvelo.

caldereta de langosta

Se dice que al padre de nuestro Rey Juan Carlos I, Don Juan de Borbón, le fascinaba este plato... ¡señal de que sabía comer!

Ingredientes

2 langostas de
1 k cada una
4 rebanadas
de pan seco
3 dientes de ajo
2 cebollas medianas
Aceite de oliva
1 pimiento verde
mediano
2 hojas de laurel
3 tomates maduros
rallados
50 g de almendras
tostadas
Azafrán al gusto
Perejil al gusto
100 ml de brandy
Agua
Sal al gusto

Preparación

En una cazuela de barro fríe 3 o 4 rebanadas de pan seco hasta que quede bien tostado. Resérvalo para la picada.

Para empezar a preparar el sofrito, pon un poco más de aceite en la misma cazuela. Pica a continuación un par de dientes de ajo y una cebolla, añádelos y ve removiendo. Cuando veas que la cebolla está transparente, agrégale el pimiento verde cortado en daditos pequeños. Remueve un poco, échale las hojas de laurel y deja que siga pochándose.

Mientras tanto puedes ir preparando la picada. Pon en un mortero una pizca de sal y un diente de ajo pelado. Machácalo un poco, añádele las almendras tostadas y tritúralo todo bien, hasta que quede una pasta de almendras con ajo. Entonces, échale unas hebras de azafrán. No te olvides de remover el sofrito de vez en cuando para que no se pegue a la cazuela. Despedaza ahora el pan frito, agrégalo al mortero y sigue machacándolo todo bien hasta que obtengas una pasta homogénea. Sólo te quedará añadirle unas hojitas de perejil y acabarlo de majar.

Para entonces la cebolla y el pimiento estarán ya bien dorados, momento de incorporarles el tomate rallado. Remueve para que no se pegue y deja que siga la cocción.

Entre tanto, prepararás la langosta. Separa primero el cuerpo de la cola, procurando recoger en una fuente todo el jugo que vaya desprendiendo. Corta la

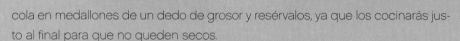

cola en medallones de un dedo de grosor y resérvalos, ya que los cocinarás justo al final para que no queden secos.

Ahora divide la cabeza de la langosta longitudinalmente en 2 mitades y córtale las antenas. Con la ayuda de una cuchara, extrae y reserva el «coral», es decir, lo que se encuentra en el interior de la cabeza, en la fuente donde tienes el jugo y que será lo que le dé, junto con la picada, el sabor final a la caldereta.

Añade las carcasas de la cabeza al sofrito, flaméalo con el brandy y deja que se evapore el alcohol. Seguidamente, cúbrelo con agua y deja que hierva a fuego lento. A media cocción, aproximadamente a los cinco minutos, dale la vuelta a la cabeza de la langosta para que se cocine igual por ambos lados.

Comprueba el punto de sal del caldo, rectifícalo si es necesario, y deja que siga cociéndose, agregándole un poco más de agua si es preciso.

A continuación, añade 5 o 6 cucharadas de caldo de la caldereta a la picada para que se diluya, vierte la mezcla a la cazuela y remuévelo todo bien. Pon el interior de la cabeza de la langosta en un colador con un recipiente debajo y aplástalo para que suelte toda la sustancia. Agrega el jugo obtenido a la caldereta y verás cómo enseguida empieza a espesarse el caldo. En los últimos momentos de cocción, sala los medallones de la cola e incorpóralos a la cazuela. Finalmente, deja que la caldereta hierva un poquito más, apaga el fuego y lleva la cazuela a la mesa.

Como el barro mantiene mucho el calor, terminará de cocerse mientras esperas a servirlo.

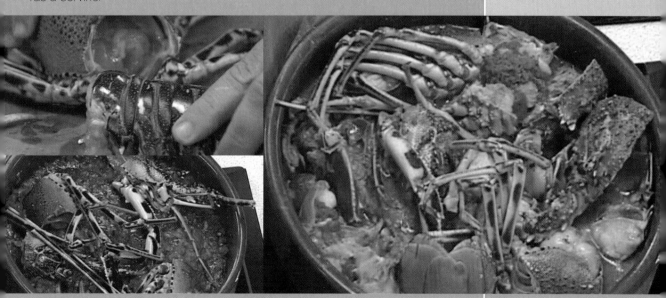

cigalas con pimienta

Una buena forma de preparar un marisco como éste, es cocinarlo con calor indirecto.

Ingredientes

6 cigalas medianas, de unos 60 g la unidad
700 g de sal gruesa
Pimienta negra al gusto
Ralladura de limón al gusto

Preparación

Pon una plancha o sartén al fuego y esparce sal gruesa de forma que cubra toda su superficie. Espera a que se caliente y, mientras tanto, corta las cigalas longitudinalmente por la mitad. Colócalas en la plancha de forma que la cáscara esté en contacto con la sal, añade la ralladura de limón y déjalas hacerse durante 5 minutos. Por último, emplátalas y espolvoréalas por encima con pimienta negra al gusto.

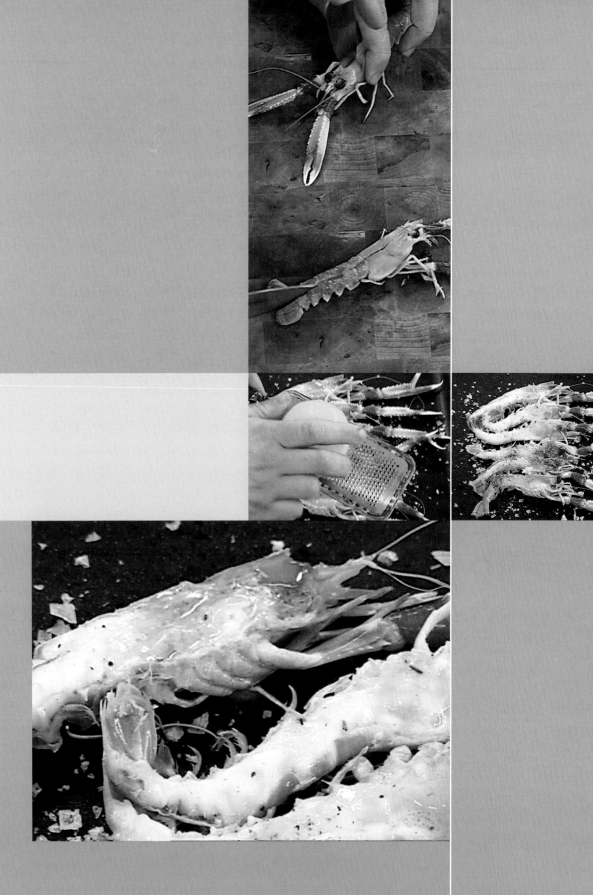

croquetas de pescado

Es sabido que el pescado no es uno de los platos favoritos de los más pequeños de la casa pero... ¿qué niño se resiste a unas croquetas? Esta receta es una buena fórmula para que coman pescado ¡sin darse cuenta!

Ingredientes

Para el caldo de pescado:
Espina de la merluza para las croquetas
800 ml de agua
1 zanahoria
1 cebolla mediana
1 puerro
1 hoja de laurel seco

Para las croquetas:
160 g de mantequilla
160 g de harina
2 cebollas picadas
1 k de merluza limpia sin piel y troceada
1/2 l de leche
250 ml de nata líquida
250 ml de caldo de pescado

Para rebozar y freír:
1/2 l de aceite de oliva
300 g de harina
4 huevos
300 g de pan rallado

Preparación

Media hora antes de empezar a hacer las croquetas, prepara el caldo de pescado. Para ello, pon al fuego una olla alta con el agua, la cebolla, la zanahoria y el puerro pelados y limpios, la hoja de laurel y la espina de merluza. Bastará con que lo tengas a fuego medio durante 30 minutos, ya que no tiene que llegar a hervir fuertemente. Transcurrida la media hora, cuela el caldo y resérvalo.

Ahora vas a preparar la masa de las croquetas. Pon a calentar una cazuela con la mantequilla y la cebolla picada y deja que se vaya cocinando lentamente. Mientas tanto, calienta en un cazo la leche, la nata y 250 ml de caldo de pescado y después retíralos del fuego.

A continuación, pon los trozos de merluza en otra cazuela con el resto del caldo que te ha quedado. Tenlo todo 5 minutos a fuego medio y, seguidamente, escurre la merluza y resérvala.

Comprueba ahora el estado de la cebolla que tienes en la cazuela con la mantequilla. Cuando veas que está translúcida, ve agregándole la harina poco a poco, removiendo constantemente durante unos 5 minutos con la ayuda de un cucharón, una varilla para batir, o una cuchara de madera. Ahora, sin apartar la cazuela del fuego y sin dejar de remover, ve incorporando a la cazuela la mezcla de leche, nata y caldo que habías reservado. Deberás seguir removiéndolo todo hasta que veas que la masa se separa de las paredes de la cazuela. Entonces será el momento de añadirle el pescado troceado.

Mézclalo todo bien y traspásalo a un recipiente plano. Tapa la masa con papel film y déjala enfriar en la nevera un mínimo de 4 horas.

Una vez transcurrido este tiempo, desmolda la masa y moldea las croquetas dándoles la forma y el tamaño que prefieras (puedes hacerlas al estilo tradicional, con forma redonda o incluso de cubo). A continuación rebózalas, por este orden, en harina, huevo y pan rallado.

Por último, las freirás. Pon al fuego una sartén con aceite de oliva y, cuando esté caliente, es decir, cuando empiece a humear, fríe las croquetas hasta que estén doradas.

Truco

Congelar croquetas para agilizar el empanado

Una vez tengas las croquetas moldeadas con la forma que más te guste, te resultará más fácil empanarlas si las congelas previamente. Además, esto te permitirá tanto rebozar una gran cantidad de croquetas a la vez, como conservarlas para utilizarlas en otro momento.

Es recomendable que las saques del congelador 20 minutos antes de freírlas.

esgarrat de bacalao

Ingredientes

200 g de
bacalao de salado
3 pimientos rojos asados
2 dientes de ajo
1 limón
Un chorrito de
aceite de oliva

Preparación

Pon los pimientos en una fuente que pueda ir al horno y rocíalos con un poco de aceite de oliva. Ásalos unos 20/25 min a 200 °C.

Una vez asados, sácalos del horno, déjalos reposar para que se enfríen, y quítales la piel y las pepitas.

Rompe a mano los pimientos en tiras. Haz lo mismo con el bacalao. Echa el ajo picado, unas gotitas de limón y rocíalo todo con aceite de oliva.

Decora el plato con un poco de ralladura de limón.

El nombre de este plato tiene su origen en la palabra valenciana «esgarrat» que en castellano quiere decir «desgarrado».

gallo al horno con *tombet*

Ingredientes

1 cebolla grande
$^{1}/_{2}$ l de aceite de oliva
6 tomates maduros
medianos
8 g de azúcar
1 hojita de laurel
Sal al gusto
2 berenjenas medianas
2 calabacines medianos
3 patatas grandes
2 gallos fileteados,
de 1 k cada uno
2 ramitas de tomillo
2 ramitas de romero

Preparación

Antes que nada, precalienta el horno a 200 °C.

Primero pica la cebolla. A continuación, pon una sartén al fuego con un chorrito de aceite de oliva y rehoga en él la cebolla hasta que esté translúcida. Corta ahora los tomates a daditos, incorpóralos a la sartén y deja que prosiga la cocción durante 5 minutos. Transcurrido este tiempo, agrega el azúcar, que ayudará a rebajar la acidez del tomate, y echa la hojita de laurel para aromatizar la salsa. Déjalo cocerse hasta que el tomate pierda el agua y obtengas una salsa espesa. Seguidamente, sazónalo y pásalo por un pasapurés.

Aparte, pon dos sartenes al fuego con aceite de oliva, en el que irás dorando las verduras por separado.

Empieza por las berenjenas. Córtalas en láminas, dóralas cuando el aceite esté caliente y resérvalas en una bandeja con papel absorbente. Haz lo mismo con el calabacín.

Por último, pela las patatas y córtalas en rodajas de 1 centímetro. Fríelas hasta que estén blanditas y resérvalas con el resto de las verduras.

vamos a cocinar

Ahora, reparte la salsa de tomate por el fondo de una bandeja de horno y, a continuación, dispón por encima una capa de berenjena. Sazónala y extiende sobre ésta una capa de calabacín. Sazónala también y cúbrela, asimismo, con una última capa, esta vez de patata. Aderézala, e introduce la bandeja en el horno durante 15 minutos. Transcurrido este tiempo, sala un poco los filetes de gallo y ponlos en la bandeja con las verduras. Vuelve a meter la bandeja en el horno y déjala 7 minutos más para que se haga el pescado. Para terminar, saca la bandeja del horno, decora el plato con el tomillo y el romero y sírvelo.

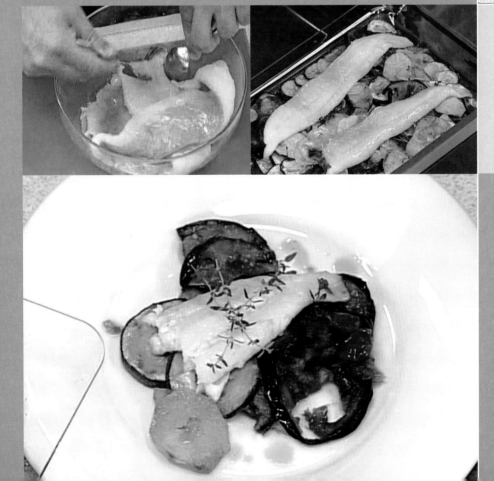

hamburguesas de bonito

Las hamburguesas nunca han gozado de muy buena fama y no es justo. Este plato es una buena muestra de ello.

Ingredientes

½ k de ventresca de bonito
Perejil picado al gusto
2 dientes de ajo
Sésamo al gusto
1 tomate grande
50 g de queso cabrales u otro tipo queso azul
6 rebanadas de pan tostado
Sal al gusto

Preparación

Pica la ventresca de bonito a cuchillo, asegurándote de que esté bien limpia de piel y espinas.

Añádele ajo y perejil picados y sálala. Mézclalo todo bien con la ayuda de una cuchara.

Envuélvelas, dales la forma adecuada y métodlas en la nevera un mínimo de dos horas para que se compacten con el frío. De lo contrario, si las cocinas recién preparadas se desharán, porque el bonito es un pescado muy graso.

Pon a calentar una plancha, y tuesta las rebanadas de pan. Corta el tomate en gajos y quítale la piel y las semillas. Unta las tostadas con Cabrales o con el queso azul que prefieras.

Saca las hamburguesas de la nevera y rebózalas con las semillas de sésamo.
Pon la plancha al fuego y, cuando esté muy caliente, marca las hamburguesas,
vuelta y vuelta.

Para montar el plato, pon un gajo de tomate y una hamburguesa encima de
cada tostada con queso. Rocía las hamburguesas con un poquito de aceite de
oliva y espolvorea el tomate con un poco de sal.

Consejo

Para moldear las ham-
burguesas sin que se te
peguen a las manos,
haz lo siguiente: corta
un trozo de papel film y
coloca encima las por-
ciones de bonito
picado, envuélvelas y
dales forma.

mejillones a la tailandesa

No hay bivalvo más versátil que un buen mejillón iy más si es gallego!

Ingredientes

1 cebolla grande

Un chorrito de aceite de oliva

1 rama de citronela

200 ml de vino blanco

600 g de mejillones

6 hojas de albahaca

1 lima Kefir

1 hoja de lima Kefir

Preparación

Pela y corta la cebolla en juliana fina. Pon al fuego una sartén con un chorrito de aceite de oliva y, cuando éste humee, échale la cebolla y saltéala durante 1 minuto a fuego fuerte. A continuación, corta la ramita de citronela en trozos de 1 centímetro, incorpóralos a la sartén y remueve.

Riégalo ahora con el vino blanco y llévalo a ebullición. Una vez arranque el hervor, echa a la sartén los mejillones limpios, las hojas de albahaca y la hoja de lima Kefir, y tápala hasta que veas que los mejillones se han abierto. Retíralos entonces del fuego y sírvelos en una fuente con la mitad del caldito. Finalmente, ralla la piel de la lima Kefir y espárcela por encima.

vamos a cocinar

La lima Kefir es una variedad de lima que procede de Tailandia e Indonesia. A pesar de que tiene muy poco zumo es muy aromática, por lo que se suele emplear su piel rugosa para aromatizar los platos. Su hoja exhala, asimismo, un acentuado aroma.

navajas al ibérico

¡Un plato de «mar y montaña» en toda regla!

Ingredientes

18 navajas gallegas
120 g de jamón ibérico
cortado en lonchas finas
Aceite de oliva

Preparación

Pon al fuego una plancha o sartén y, cuando esté bien caliente, échale un chorrito de aceite. A continuación, reparte las navajas por toda la superficie para que se abran. Déjalas en esta posición 1 minuto y luego dales la vuelta con la ayuda de una espátula. Deja que se hagan un minuto más y después retíralas y resérvalas en la bandeja donde las vayas a servir.

Ahora, en la misma plancha o sartén, harás el jamón. Bastará con que le des una ligera pasada para que suelte la grasa. Retira las lonchas y distribúyelas por encima de las navajas. Finalmente, rocíalo todo con un chorrito de aceite y lleva la bandeja a la mesa.

pipirrana con atún
de la almadraba

No creo que haya otra ensalada que le guste más a Tichi, mi mujer. Yo la descubrí gracias a ella, como tantas otras cosas... Sin Tichi y sin la pipirrana, creo que no sería lo que soy.
¡Que esta receta sirva de homenaje a todas esas mujeres que hacen que los hombres podamos cumplir nuestros sueños!

Ingredientes

1 taco de atún
rojo de 300 g, a
temperatura ambiente
1 pepino mediano
3 tomates de rama
1 cebolla mediana
1 pimiento verde
italiano mediano
1 pimiento rojo pequeño
100 ml de
aceite de oliva
30 ml de vinagre
de Jerez
Sal al gusto

Preparación

Antes de empezar, saca el atún de la nevera.

Mientras éste se va templando, prepararás el acompañamiento. Primero pela, despepita y corta el pepino a daditos de 1 centímetro, y luego haz lo mismo con los tomates. A continuación, limpia la cebolla, el pimiento verde y el pimiento rojo y córtalos también en daditos. Júntalo todo en un cuenco, alíñalo con el aceite de oliva y el vinagre de Jerez, sazónalo al gusto y resérvalo.

Cuando el atún haya alcanzado la temperatura ambiente, pon a calentar en una sartén un chorrito de aceite. Dora en él el taco de atún por los cuatro lados para que se temple la parte interior sin que llegue a cocinarse. Retíralo del fuego y córtalo en filetes de aproximadamente 1 centímetro de grosor.

Ahora sólo te queda montar el plato. Para ello, recupera las verduras que habías reservado y repártelas en los platos a modo de lecho. Por último, coloca encima los filetes de atún.

pulpo *a feira*

Ingredientes

1 pulpo de unos 2 k
3 patatas
Monalisa medianas
Agua
2 hojas de laurel
Pimienta negra al gusto
Sal gruesa al gusto
Pimentón dulce al gusto
Un chorrito de aceite de
oliva virgen

Preparación

Pon al fuego una olla (a poder ser de cobre) con abundante agua, el laurel y unos granos de pimienta negra, y llévala a ebullición. Mientras tanto, limpia el pulpo como se explica a continuación: dale la vuelta a la cabeza como si fuera un calcetín, y elimínale bien las impurezas que encuentres. Quítale los ojos con la ayuda de una puntilla y limpia bien cada tentáculo, asegurándote de que dentro de las ventosas no queden restos.

Cuando hierva el agua, coge el pulpo por la cabeza y, sin soltarlo, sumérgelo durante 15 segundos. Repite esta misma operación dos veces más. Verás que las patas se rizan. Suelta entonces el pulpo entero en el agua y déjalo cocer, a fuego medio, durante 20 minutos.

Ahora, lava las patatas, échalas con piel en la olla y deja que se cueza todo durante 10 minutos más.

Transcurrido este tiempo saca el pulpo, córtalo a rodajitas de 1 centímetro de grosor y haz lo mismo con las patatas. En la bandeja donde vayas a servirlo, dispón primero las patatas y, encima, las rodajitas de pulpo. Por último, sazónalo y espolvoréalo con pimentón al gusto, y riégalo todo por encima con un chorrito de aceite de oliva. Ya estará listo para servir.

rape confitado con patatas

Un homenaje a ese gran plato que se encuentra en nuestras recetas caseras de siempre como es el «rape alangostado». ¡Un gran plato, sí señor!

Ingredientes

1 cola de rape de aproximadamente 1 k, cortada en rodajas
3 patatas grandes
4 cabezas de ajo
1 guindilla
½ manojo de tomillo
½ manojo de romero
½ manojo de orégano
2 hojas de laurel seco
Aceitunas verdes sin hueso, o pasta de aceitunas verdes
1 pimiento choricero
Pimentón de la Vera dulce al gusto
1 vaso de vino blanco
1 litro de aceite de oliva virgen extra

Preparación

En una cazuela de barro o en una olla baja de metal, pon a calentar aceite a fuego lento, intentando que no sobrepase los 80 °C. (Si no tienes un termómetro especial para cocina, sabrás que el aceite ha llegado a la temperatura requerida porque, al introducir en él el producto que vayas a cocinar, la burbuja que haga el aceite será leve.) Entre tanto, lava las hierbas aromáticas frescas pasándolas por agua. Sécalas bien e introdúcelas luego en el aceite para que se vaya aromatizando. Con la mano, aplasta las cabezas de ajo, separa los dientes y, sin quitarles la piel, incorpóralos a la cazuela.

Cuando el aceite alcance los 80 °C, échale la guindilla y el pimiento choricero previamente troceado. Ahora pela y corta las patatas en rodajas de unos dos centímetros y medio, incorpóralas a la olla y déjalas que se confiten 15 o 20 minutos. Antes de sacarlas, comprueba que están bien cocidas pinchándolas con un palillo. Retíralas y resérvalas, y mantén la cazuela con el aceite en el fuego para que no pierda temperatura. A continuación, sala las rodajas de rape y espolvoréalas por ambos lados con la cantidad de pimentón que desees. Riega el contenido de la cazuela con el vaso de vino blanco e introduce las rodajas de rape. Déjalo en el fuego durante 10 minutos, manteniendo siempre los 80 °C de temperatura.

Truco

Aromatizar aceites

Para obtener aceite con aroma a hierbas o especias, pon a calentar durante un mínimo de 4 horas la cantidad deseada de aceite —de girasol o de oliva refinado— y sumerge en éste el producto con que lo quieras aromatizar.

Mientras tanto, recupera las patatas confitadas y aplástalas con un tenedor, de modo que resulte un puré irregular.

Cuando el rape esté listo, ya lo podrás servir. Distribuye el puré de patata en el fondo del plato formando un lecho y coloca el rape encima. A continuación, decóralo con unas cuantas aceitunas verdes troceadas o con un poco de pasta de olivas verdes. Finalmente, rocíalo con una cucharada del aceite aromático de hierbas.

Consejo

Si tienes tiempo, es aconsejable que prepares el aceite aromático de hierbas la víspera para que adquiera un sabor y un aroma más intensos.

Este aceite puedes utilizarlo siempre que quieras como aliño de ensaladas, pescados, carnes, pastas, etcétera.

rodaballo con cítricos

Ingredientes

6 trozos de rodaballo
con espina, de 200 g
cada uno
12 patatas nuevas
pequeñas
2 limones
3 limas
12 ramitas de eneldo
200 ml de aceite de
oliva
1 ½ l de agua
sal al gusto

Preparación

Precalienta, antes que nada, el horno a 180 °C.

Para preparar el rodaballo, practica un corte vertical a ambos lados de la espina de cada filete de pescado, separándola un poco de la carne pero sin que ésta llegue a desprenderse de la espina por completo.

A continuación, lava los limones y las limas y córtalos en 12 rodajas muy finas. Distribúyelas, junto con las ramitas de eneldo, entre las hendiduras que has hecho en los trozos de pescado. Dispón el rodaballo en una bandeja para el horno, riégalo con un chorrito de aceite de oliva y hornéalo durante 15 minutos.

Mientras se hace el rodaballo, prepara el puré de patatas. Lava las patatas sin pelarlas y ponlas en una cacerola con el agua. Cuando el agua llegue al punto de ebullición, déjalas que hiervan durante 10 minutos y, una vez cocidas, escúrrelas, pélalas y aplástalas con un tenedor. A continuación, sazona el puré y échale un chorrito de aceite.

Por último, sirve el rodaballo acompañado del puré de patata.

salmón en papillote

Una técnica de cocinar ancestral. De envolver los alimentos en la hoja de bananero a la del papel de aluminio. En francés «papillote» significa, literalmente, «caramelo envuelto en papel rizado»...

ingredientes

6 lomos de salmón fresco (de unos 160 g cada uno)
250 g cebollitas platillo para la guarnición
1 paquete de mini zanahorias
1 paquete de mini calabacines
1 manojo de espárragos trigueros
1 manojo de ajetes
250 g de setas de temporada o cultivo
200 ml de vino blanco
6 ramitas de eneldo fresco
Un chorrito de aceite de oliva
2 l de agua
Sal al gusto

Preparación

Antes de empezar, precalienta el horno a 180 °C y prepara un recipiente con agua y hielo.

Ahora, pon al fuego una olla con los 2 litros de agua y un puñadito de sal para escaldar las verduras. Una vez arranque el hervor, incorpora las cebollitas enteras y sin pelar y deja que hiervan 2 minutos. Seguidamente, refréscalas en el agua con hielo durante 30 segundos, sácalas, pélalas y resérvalas. A continuación, pela las zanahorias y escáldalas también, éstas durante 3 minutos. Sácalas, refréscalas en el agua con hielo durante 30 segundos y resérvalas. Haz lo mismo con los calabacines. Limpia ahora los espárragos trigueros quedándote sólo con la parte tierna, que cortarás en tres trozos. Escáldalos durante 1 minuto, refréscalos en la fuente durante 30 segundos y resérvalos. Por último, limpia los

ajetes y escáldalos también durante 1 minuto. Sácalos y refréscalos igualmente en el agua con hielo durante 30 segundos. Ya tienes todas las verduras preparadas para el papillote.

A continuación, prepara el papel de aluminio para hacer el papillote. Hazlo como se te indica a continuación: corta 6 tiras de papel de unos 50 centímetros aproximadamente. Dispón un lomo de salmón en el centro de cada tira y sazónalo a tu gusto. Reparte las verduras escaldadas equitativamente alrededor de cada lomo de salmón. Distribuye también entre los 6 paquetes las setas limpias y en crudo, una ramita de eneldo, un chorrito de vino blanco y otro de aceite de oliva.

Por último, junta los extremos del papel y dobla los bordes para que los papillotes queden bien cerrados por todos los lados, procurando que no quede ninguna junta abierta para que no se escape el vapor. Ahora, ponlos en una bandeja plana y hornéalos durante 10 o 15 minutos, depende de si el pescado te gusta más o menos hecho.

Una vez transcurrido este tiempo, ya puedes sacar los papillotes del horno, abrirlos y emplatarlos.

* PARA LA ELABORACIÓN DE ESTA RECETA NECESITAS PAPEL DE ALUMINIO Y HIELO.

salpicón de erizos de lata

¡La conserva española es grande! No sabemos lo que tenemos. Con una buena conserva, aunque no tengamos buena maña entre fogones, siempre obtendremos como resultado grandes platos.

Esta tapa se la quiero dedicar a esos erizos que se comen en Algeciras cada 25 de Diciembre, algo que para mí supuso todo un descubrimiento.

Ingredientes

1 lata de erizos
1 chalota
2 ramas de
cebollino
Raspadura de
limón al gusto
Un chorrito de
aceite de oliva

Preparación

Abre la lata de erizos y disponlos ya en el plato donde vayas a servirlos. Pica la chalota y el cebollino. A continuación, esparce la picada por encima de los erizos y alíñalos con un chorrito de aceite.

Acaba dándoles un toque de raspadura de limón al gusto.

suquet de rape

Plato de patatas y pescado, dedicado a esos hombres del mar que cada día arriesgan sus vidas para traernos esos pescados sin los que nuestra cocina no sería la misma.

Ingredientes

2 dientes de ajo
Un chorrito de
aceite de oliva
3 tomates de rama
3 patatas grandes
1 cucharadita
de pimentón dulce
6 rodajas de
rape de 180 g cada una
Perejil al gusto
Sal al gusto
1 litro de agua,
aproximadamente

Para la picada:
50 g de
almendra marcona
3 dientes de ajo
3 rebanadas de pan
Azafrán al gusto
Un chorrito de
aceite de oliva

Preparación

Pela y pica finamente los 2 dientes de ajo. Pon al fuego una cazuela de barro, echa un chorrito de aceite de oliva, e incorpora el ajo picado sin dejar que se caliente el aceite para que no se queme. Mientras se dora el ajo, ralla los tomates y agrégalos a la cazuela. Remueve con una cuchara de madera y deja que sofría durante 10 minutos.

Entre tanto, pela las patatas y resérvalas en un recipiente con agua. Transcurridos los 10 minutos, echa el pimentón al sofrito y remueve. Ahora, chasca la patata (ver receta *Patatas a la riojana*) dentro de la cazuela e incorpora el perejil picado. Cubre las patatas de agua y lleva el guiso a ebullición. Una vez arranque el hervor, déjalo cocinar durante 10 minutos.

Ahora vas a preparar la picada. Para ello, pon una sartén al fuego con un generoso chorrito de aceite de oliva. Echa las almendras en el aceite sin dejar que se caliente para que no se quemen, como has hecho con el ajo. Déjalas que se frían lentamente a fuego bajo durante 5 minutos, para que su interior no quede crudo. Seguidamente, retíralas y resérvalas en un plato con papel absorbente.

En la misma sartén, fríe las rebanadas de pan y los 3 dientes de ajo pelados y enteros. Resérvalos también en un plato con papel absorbente.

A continuación, machaca las almendras en un mortero hasta que se rompan en trozos pequeños. Agrégales ahora las rebanadas de pan, el ajo y las hebras de azafrán, sigue machacándolo todo hasta obtener una pasta fina y resérvala. Ahora, pasados los 10 minutos de cocción del sofrito y la patata, sazona las rodajas de rape e incorpóralas a la cazuela de barro que tienes en el fuego. Con la ayuda de una cuchara, echa también la picada a la cazuela y deja cocer el guiso 5 minutos más. Finalmente, retíralo del fuego, emplátalo y sírvelo.

tartar de salmón

Ingredientes

1 taco de
salmón fresco
sin piel de 300 g
1 yema de huevo
40 g de alcaparras
40 g de pepinillos
en vinagre
1 chalota
20 g de mostaza
del sabor que más
te guste
100 ml de
aceite de oliva suave
Sal al gusto

Preparación

Para empezar, trocea el salmón en daditos de 1 centímetro, ponlo en un cuenco y resérvalo en la nevera.

Ahora, en otro recipiente, prepararás el picadillo. Para ello, pica las alcaparras, la chalota y los pepinillos en trocitos muy pequeños.

Aparte, en un bol, bate la yema de huevo con la ayuda de una varilla. Añádele luego [la] mostaza y mézclalas bien. A continuación, ve incorporando el aceite lentamente y sin [d]ejar de remover hasta que la salsa esté ligada. Agrega a la mezcla el picadillo y el sal[m]ón que tienes reservado en la nevera, sazónalo todo y sírvelo.

tiras de calamar salteado con bacon y presa ibérica

Ingredientes

250 g de calamar limpio
100 g de bacon
250 g de presa ibérica
Un chorrito de aceite de oliva
Perejil picado al gusto

Preparación

En primer lugar, corta todos los ingredientes en tiras muy finas.

Luego, pon a calentar aceite en una sartén.

Echa primero el bacon y la presa ibérica y cuando ya estén dorados añade el calamar. Para acabar, saltea un poco más y sirve decorando con un poco de perejil picado.

vieiras a la vinagreta de cava

Ingredientes

6 vieiras con su coral
25 g de tocino de jamón ibérico
50 ml de vinagre de cava
Un chorrito de aceite de oliva
50 g de rúcula
Sal Maldon al gusto

Preparación

En primer lugar, echa una gota de aceite en una sartén y a continuación añádele el tocino de jamón ibérico y deja que se caliente. Luego, coge las vieiras y sepárales el coral (la parte naranja). Dora los corales medio minuto junto con las vieiras y resérvalo.

Posteriormente, pon el vinagre de cava en la sartén todavía caliente y hiérvelo unos 5 segundos aproximadamente.

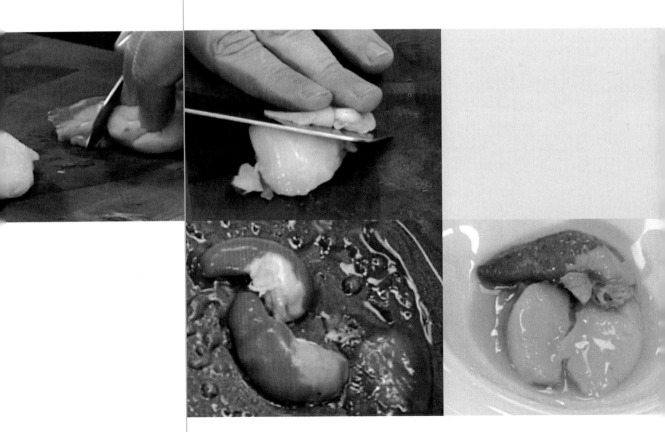

Coloca en un plato las vieiras y la rúcula y vierte por encima el vinagre de cava de la sartén. Finalmente, espolvorea por encima un poco de sal Maldon.

pescados de roca

Pez escorpión, cabracho, cabrarroca

Se puede encontrar en los mercados durante todo el año, aunque su oferta aumenta durante los meses cálidos, de abril a septiembre, cuando el volumen de capturas es mayor.

Es un pez marino de roca, cuya carne es muy apreciada en la gastronomía de nuestro país. Su aspecto es fascinante: posee un cuerpo robusto, alargado, cubierto de repliegues y espinas, y su color dominante es el rojo, que varía entre el rosáceo y el rojo parduzco. Tiene manchas pardas que se esparcen también por las aletas y con frecuencia presenta otra mancha negra bajo la aleta dorsal.

Lluerna (nombre en catalán), bejel, perlón, barete.

Esta especie es muy peculiar porque tiene la boca en forma de pico de pato. Sus aletas también lo caracterizan, al igual que una especie de patas, que las utiliza cuando está en el fondo marino. Apoyado en la arena, se ayuda de estas extensiones para desenterrar a los cangrejos. El color del cuerpo es variable y va del rojo al rosado, y del amarillo al marrón. Al igual que el cabracho, es muy rico para todo tipo de guisos.

Pez araña

Hay que tener mucho cuidado con él, porque tiene unas espinas que son venenosas.

Es muy barato, ya que carece de interés comercial. Sin embargo, resulta ser de primera para dar sabor a un buen caldo o sopa de pescado.

Sargo

El sargo es un pariente lejano del besugo y la dorada. Lejos de la costa no es demasiado conocido, y es una lástima, porque sus carnes atesoran un sabor espléndido, muy marcado y netamente marino. Aunque le van bien recetas sofisticadas, lo mejor es cocinarlo de la manera más sencilla posible, respetando su sabor natural. Se alimenta de moluscos y pequeños crustáceos y su carne es muy rica.

En Galicia se dice que el sargo se alimenta de percebes.

Congrio

Este pez pertenece al mismo grupo que la morena y la anguila, ya que también tiene forma de serpiente y puede llegar a medir hasta tres metros de longitud. Tiene muchas espinas, pero da una consistencia muy gelatinosa a cualquier caldo.

Pez rata

Conviene tener mucho cuidado tanto con su espina dorsal como con la que tiene en los laterales, ya que las usa de protección y son venenosas. Al igual que el pez araña, te ayudará a obtener sopas y caldos muy sabrosos.

Congrio

Sargo

Pez araña

Pez rata

la sal (I)

La sal es tan antigua como la humanidad. Poseerla era símbolo de riqueza; fue moneda de cambio, estimuló el comercio y provocó guerras. Objeto de especulación, la sal causó angustia entre la población, bien porque no tenía asegurado su abastecimiento, bien porque se vio obligada a pagar un precio muy elevado por ella. Hasta hace poco, prácticamente todos los países productores de sal han aplicado algún tipo de impuesto sobre ésta.

La importancia de la sal podemos encontrarla en la palabra «salario», que era la porción de sal que cobraban los legionarios romanos. Más tarde, y debido a los graves problemas que representaba su transporte cuando los ejércitos estaban lejos de Roma, el puñado de sal fue sustituido por una pequeña cantidad de dinero que permitía a los soldados comprar su ración de sal allá donde estuvieran.

La función de la sal es triple: sazona la comida, es conservante de alimentos y aporta al cuerpo el cloro y el sodio necesarios para el equilibrio hídrico del organismo, así como para las actividades nerviosa y muscular.

La sal marina se obtiene de forma natural por la evaporación provocada por el sol y el viento. A diferencia de la sal de roca, contiene solo un 34 % de cloruro sódico y es más rica en oligoelementos como el yodo.

En el mercado, actualmente se pueden encontrar varios tipos de sal con características diferentes:

Sal fina: Es la más utilizada. Si es marina, se disuelve con rapidez y si es de roca, sala más y es más difícil de disolver.

Sal gorda: Consiste en cristales de sal de un tamaño considerable. Es muy utilizada en cocina, y es mejor que la sal fina para cocciones a la sal y curados.

Sal Maldon: La sal inglesa de Maldon, en el condado de Essex, data de 1882. Es una flor de sal exquisita que, como las grandes cosechas, no se obtiene todos los años, ya que precisa de unas condiciones climatológicas muy especiales que favorecen el depósito sobre las aguas salinas de una capa fina de cristales planos que recuerdan visualmente a unos copos helados.

Flor de sal: Podría decirse que es la sal de moda. Hizo su entrada en el mercado francés hace unos 20 años. La primera comercialización fue realizada por las salinas de Guerande. Es una sal marina, fruto de un proceso particularmente curioso. En las salinas, con los primeros efectos de la concentración de la sal, aparecen cristales de sal ligeros flotando en placas muy finas en la superficie del agua. Es lo que se conoce como flor de sal, y se recoge con un utensilio llamado lousse, una especie de rastrillo sin dientes que los especialistas manejan con gran destreza. Es un producto raro y de producción escasa. Se utiliza siempre cruda y tiene un sabor sutil a violeta. Es la reina de la sal.

Sal mineral: Está presente en la tierra y se encuentra en depósitos subterráneos, en forma de vetas de sal impactadas.

Sal del Himalaya: Esta sal cristalina, que conserva su estructura primitiva natural al ser extraída de los yacimientos, posee cualidades muy diferentes a la sal refinada, con su composición en forma de cloruro de sodio recristalizado. La formación orogénica del Himalaya se produjo bajo la mayor presión conocida sobre depósitos de sal, dando lugar a yacimientos con una cantidad inusual de sal cristalizada compuesta por una estructura cristalina de color rojo anaranjado. Hasta el momento, es una de las sales más ricas y especiales por lo que a energía se refiere.

quesos

Fondue suiza

Galletas de Idiazábal

Mahón con membrillo

fondue suiza

Ingredientes

Para la fondue
1 diente de ajo
300 ml de vino blanco
400 g de queso gruyer rallado
200 g de queso emmental rallado
60 ml de Kirsch
30 g de maizena
Zumo de 1/2 limón
Sal al gusto
Pimienta al gusto
Nuez moscada al gusto

Para los *toppings*
(acompañamiento):
Un chorrito de aceite de oliva
1 manojo de espárragos verdes
1 calabacín mediano
300 g de champiñones frescos
1 paquete de tomatitos cherry
5 rebanadas de pan de pueblo

* PARA ELABORAR ESTA RECETA NECESITAS UN *CAQUELON* (UN RECIPIENTE ESPECIAL PARA *FONDUE*) Y GEL COMBUSTIBLE O ALCOHOL DE QUEMAR.

Preparación

Para empezar, frota el diente de ajo por el interior del *caquelon* y pon el recipiente sobre el fuego al mínimo. Vierte el vino blanco y deja que se caliente lentamente. Introduce a continuación los quesos gruyer y emmental y remueve con una espátula o cuchara de madera. Deja que se vayan derritiendo lentamente y, mientras tanto, mezcla la maizena con el Kirsch. Cuando todo el queso se haya fundido bien, incorpora el preparado que acabas de hacer al *caquelon*. Agrega ahora el zumo de limón y remueve para que quede todo bien mezclado. Finalmente, condiméntalo con sal, pimienta y nuez moscada al gusto.

A continuación prepara los *toppings* para mojar en la mezcla de quesos. Para ello, empieza por limpiar las verduras. Quítales el tallo a los espárragos y quédate únicamente con la parte más tierna. Corta ahora el calabacín en bastones y resérvalo. Limpia los champiñones con un paño húmedo para que no se rompan y resérvalos también. Por último, lava los tomates cherry con agua. Ahora pon dos sartenes al fuego y echa en cada una un chorrito de aceite de oliva. Empieza a preparar las verduras por este orden: primero, saltea los espárragos durante 3 minutos y resérvalos. A continuación, saltea 3 minutos el calabacín y resérvalo también. Haz lo mismo con los champiñones y, finalmente, saltea los tomatitos cherry durante sólo 1 minuto y resérvalos.

Seguidamente, tuesta el pan y córtalo en cubos no muy pequeños. Dispón todas las verduras y el pan en una bandeja para servir y enciende el hornillo que va debajo del *caquelon* para mantener el queso caliente. Coloca el *caquelon* encima de su soporte y listo, ya podéis empezar a comer.

galletas de idiazábal

Una tapa fácil de preparar, realmente mágica y ¡para sorprender!

Ingredientes

300 g de queso
Idiazábal rallado

Anís estrellado
rallado

Preparación

Antes que nada, pon a calentar el horno a 140 °C.

Dispón ahora una lámina de papel sulfurizado sobre una bandeja de horno y ralla encima el queso Idiazábal. A continuación, haz pequeñas montañitas con el queso rallado y moldéalas dándoles forma de galleta. Introduce la bandeja en el horno durante 8 minutos aproximadamente para que se doren y se deshidraten.

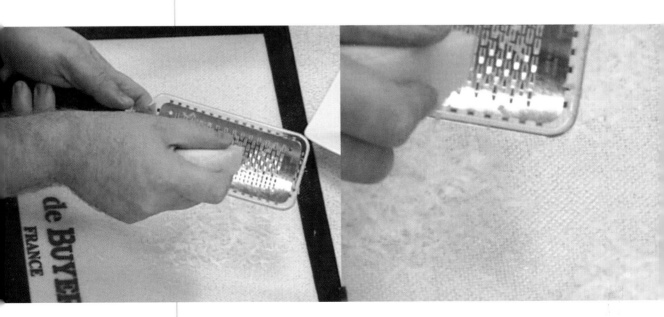

Finalmente, espolvorea las galletas de queso con un poco de anís estrellado. Puedes servirlas solas, o como acompañamiento de otros platos.

mahón con membrillo

Ingredientes

150 g de queso artesano de Mahón

100 g de membrillo

Eneldo al gusto

Aceite de oliva al gusto

Vinagre de Cabernet Sauvignon al gusto

Pimienta negra al gusto

Sal al gusto

Preparación

Este plato puede prepararse con dos texturas totalmente diferentes. Aquí te mostramos las dos opciones (verás que los ingredientes varían un poco en cada caso):

Corta el queso y el membrillo en daditos de 1 centímetro. Pon dos o tres dados de cada en una cuchara de aperitivo o, en su defecto, en una cuchara sopera y espolvoréalos con un poco de pimienta negra molida (mejor si es recién molida).

A continuación, prepara una vinagreta mezclando tres partes de aceite de oliva con una de vinagre de Cabernet Sauvignon. Rocía los dados de queso y membrillo con un chorrito de la vinagreta y decóralo todo con unas hojitas de eneldo fresco.

Tritura el membrillo con un cuchillo hasta que tenga la consistencia de un puré. Aparte, ralla el queso y resérvalo. Pon ahora un poco del puré de membrillo en una cuchara de aperitivo o en una cuchara sopera y espolvoréalo con el queso por encima. Por último, sálalo ligeramente. Si quieres, también puedes rociarlo con un poco de vinagreta de Cabernet Sauvignon.

gre. El resultado, una salsa muy picante, se bautizó con el lugar de origen de los pimientos y así ha llegado hasta nosotros.

Además, en el mercado podemos encontrar diversas sales con diferentes sabores como, la sal de apio.

En este sentido, cualquier persona puede hacer su propia mezcla de sal, como la sal de ajo, que no consiste en otra cosa que hacer una mezcla de ajo seco y sal.

¿Y podríamos hacer sal con productos del mar? La respuesta es sí. La sal de algas es un claro ejemplo. Los japoneses fueron los primeros en aprender a extraer la sal de las algas una vez ya limpias. No sólo es una delicia, sino que además aporta una gran cantidad de nutrientes y sales minerales a nuestros platos.

bebidas

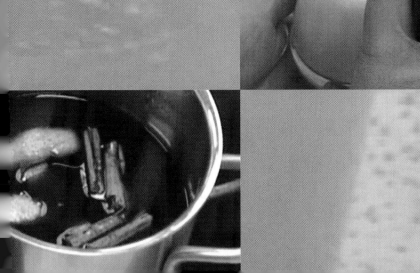

caipirinha

Con muchas ganas de conocer mundo, tuve la gran suerte de embarcar en el buque escuela «Juan Sebastián de Elcano» para hacer el servicio militar. Uno de los puertos que pude conocer fue el de Río de Janeiro, y allí fue donde descubrí esta maravillosa bebida en un bar muy peculiar llamado «La Garota de Ipanema», lugar donde, supuestamente, se escribió la letra de esa mítica canción que es «La Chica de Ipanema». Todavía me sigo preguntando cómo llegué aquella noche al barco...

Ingredientes

6 limas
120 g de azúcar blanca
300 ml de cachaça
Hielo picado
(para 6 vasos)

* PARA ESTA RECETA NECESITARÁS VASOS DE ZURITO.

Preparación

Sin quitarles la piel, corta las limas en cuartos y échalas en un recipiente alto. Con la ayuda de la mano del mortero, aplástalas bien para que suelten todo el zumo y, a continuación, agrégales el azúcar y remueve con una cuchara de madera. Incorpora ahora la cachaça, mézclalo todo bien y resérvalo. Para terminar, reparte el hielo picado entre los vasos y sirve la mezcla que tienes reservada.

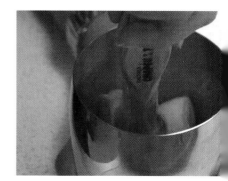

fanta de naranja

¿Queremos comer sano? Está claro que sí, y ¿beber sano?
Esta es una buena forma de poder hacerlo. Una naranjada
natural, fresca y muy divertida para los más pequeños de la
casa... ¡y para los que no lo somos tanto!

Ingredientes

2 k de naranjas
para zumo

Preparación

Exprime las naranjas hasta obtener 1 litro de zumo. A continuación, cuélalo con un colador fino para que quede limpio de impurezas y trasvásalo al sifón. Ciérralo bien, cárgalo con el gas y resérvalo en la nevera para servirlo bien frío.

Con el sifón de soda se obtiene un zumo de naranja natural gasificado, una fórmula perfecta para tomar zumo en una variante más divertida.

Puedes hacerlo también con cualquier otra fruta o verdura licuada.

vino caliente

Una bebida típica en toda la Europa Central, y que, sin ninguna duda, tiene «su aquel». Una forma diferente de brindar y... ¡de entrar en calor!

Ingredientes

1 botella de vino tinto
2 unidades de canela en rama
Piel de una naranja
Piel de un limón
80-90 g de azúcar
25 ml de brandy

Preparación

En primer lugar, pon a calentar el vino en una olla y le añades el azúcar, la canela en rama, la tira de piel de la naranja y la tira de piel del limón. Vigila que no quede nada de la parte blanca que recubre los gajos de los cítricos, ya que eso podría darle un gusto amargo.

Una vez haya arrancado el hervor, manténlo al fuego durante unos 5-7 minutos. A continuación, apágalo y añádele un chorrito de brandy para acabar de aromatizar la bebida.

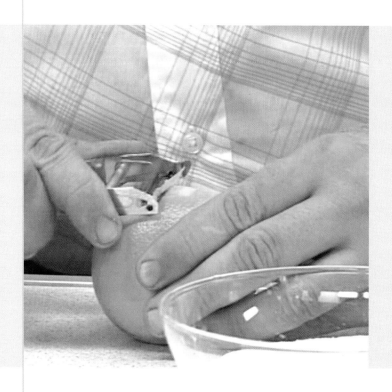

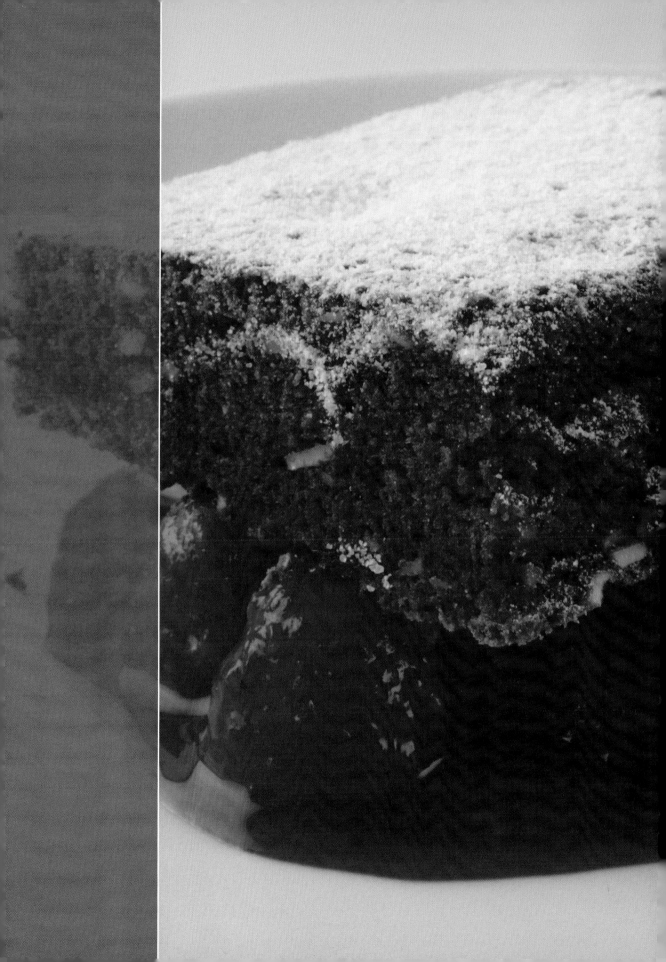

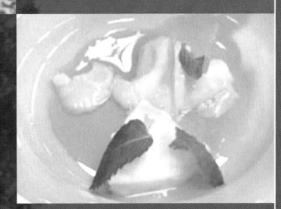

postres y dulces

brownie de chocolate

¡Un error exquisito! Cuentan que una señora que hacía los mejores pasteles de chocolate que se conocían, se le olvidó un día echar la levadura cuando preparaba esta receta y de ahí este pastel. Pero quien lo popularizó fue Nancy Reagan, esposa de uno de los presidentes de Estados Unidos, que siempre lo ofrecía a sus invitados en las recepciones de la Casa Blanca.

Ingredientes

350 g de azúcar glas o normal
250 g de chocolate negro (con un 70 % de cacao como mínimo)
180 g de mantequilla a temperatura ambiente
4 huevos batidos
200 g de harina
80 g de nueces o avellanas troceadas

Preparación

Prepara primero el molde donde vayas a hacer el brownie. Para ello, úntalo con un poco de mantequilla, que deberá estar a temperatura ambiente, y espolvoréalo a continuación con algo de harina. Quita el exceso de harina que quede en el molde poniéndolo boca abajo.

Pon a precalentar el horno a 180 °C. Mientras éste se calienta, trocea el chocolate y mézclalo con la mantequilla. Ponlos al baño maría para que se funda el chocolate, aunque también puedes fundirlo en el microondas, que es más rápido. De hacerlo así, asegúrate de remover la mezcla cada 30 segundos para que no se queme el chocolate. Cuando esté bien fundido, sácalo y déjalo templar.

Bate bien los huevos en un cuenco y agrégalos al recipiente donde tienes el chocolate derretido con la mantequilla. Seguidamente, mézclalo todo con una espátula y ve añadiéndoles el azúcar y la harina, poco a poco y sin dejar de remover para que no se formen grumos. Incorpora ahora las nueces o las avellanas troceadas. Con la ayuda de una espátula o lengua de plástico (ideal para elaborar recetas de pastelería), vierte toda la mezcla en el molde que tienes preparado e introdúcelo en el horno durante 30 minutos.

Consejo

Se recomienda *servir* el *brownie* caliente y acompañado de helado de vainilla o de nata fresca.

Transcurrido este tiempo, saca el recipiente del horno y deja que pasen entre 5 y 8 minutos antes de desmoldar.

Una vez desmoldado, ya puedes servir el *brownie*.

cremoso de chocolate blanco con mango

Ingredientes

1 tableta de 200 g de chocolate blanco
60 ml de ron blanco
80 ml de nata líquida para montar
1 mango maduro
12 hojitas de menta
1 limón
2 yogures naturales

Preparación

Con la ayuda de un buen cuchillo, corta la tableta de chocolate blanco en porciones pequeñas o virutas y resérvalo en un bol. Vierte el ron en un cazo, ponlo al fuego y llévalo a ebullición. Incorpórale entonces la nata líquida y espera a que rompa el hervor. A continuación, trasvasa esta mezcla al bol donde tienes el chocolate. Deja que repose todo junto durante 2 minutos y, seguidamente, remueve bien la mezcla con una espátula (mejor si es de plástico) hasta obtener una ganache o crema fina de chocolate. Ahora reparte la mezcla entre las copas o vasos y métlos en la nevera durante un mínimo de 15 minutos.

* PARA ESTA RECETA NECESITAS COPAS DE CÓCTEL O VASOS DE ZURITO.

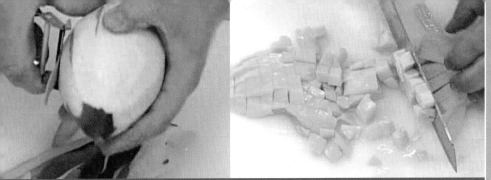

Mientras se va enfriando la crema, mezcla los yogures en un bol, bátelos y re-sérvalos. Después, pela el mango, córtalo en daditos de 2 centímetros y resér-valo en un cuenco. Agrégale la ralladura de la cáscara del limón y las hojitas de menta en trocitos pequeños. Mézclalo todo muy bien, saca la crema de choco-late del frigorífico y reparte el yogur entre las copas o vasos. Por último, incorpo-ra la mezcla de mango, menta y ralladura de limón.

cuajada con miel

Ingredientes

Para hacer la cuajada:
1 litro de leche de oveja
36 gotas de cuajo de farmacia
Una pizca de sal

Para el postre de cuajada:
Cuajada
3 caramelos de miel y limón
Miel al gusto
Hojas de menta al gusto

Preparación

Para empezar, coge unos recipientes pequeños de barro (ya que el barro absorberá mejor el suero que produce la cuajada) y pon seis gotas de cuajo en cada uno de ellos. Luego, calienta la leche con la pizca de sal a 54 °C (hasta que empiece a humear) y retírala del fuego. A continuación, viértela en los recipientes y déjala enfriar.

Para servir esta cuajada de manera única, coge los tres caramelos de limón y miel, colócalos en la bandeja del horno, previamente cubierta con un papel sulfurizado, e introdúcelos durante 8 minutos a 140 °C. Sácalos del horno y comprueba que estén bien fundidos. Tápalos con otro papel sulfurizado y aplástalos con la ayuda de un rodillo o similar hasta que queden unas láminas muy finas. Después déjalos enfriar.

Por último, saca la cuajada de su recipiente, colócala en el plato elegido y vierte un poco de miel por encima. Decora con la hoja de menta y la mitad del «cristalito» de caramelo.

La leche de oveja se caracteriza principalmente por tener el doble de todo lo que posee la leche de vaca. Es decir, es mucho más rica en todo. Tiene lactosa, proteínas, calcio, vitamina A, vitamina B2, vitamina D... De todas formas, hay que beberla con moderación, ya que el organismo humano, cuando dejamos de ser niños, no procesa tan bien la lactosa. Por este motivo, si la consumimos en forma de cuajada o de yogur sienta mejor.

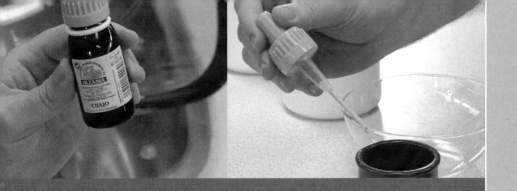

¿Por qué cuaja la leche?

La proteína que contiene la leche es la caseína, y sus moléculas tienen exactamente la misma carga. Cuando las moléculas tienen la misma carga, no se unen, sino que se rechazan, y de ahí que la leche se mantenga en estado líquido. En el momento en que añadimos el cuajo, esas moléculas de caseína empiezan a cambiar la carga en positiva y en negativa. ¿Y qué sucede a continuación? Pues que, al tratarse de polos opuestos, se atraen y se unen formando precisamente la cuajada.

ensaimada con sobrasada

¡Cómo recuerdo aquellos *croissants* con sobrasada que me hacía en el «Bar Pinotxo» de la Boquería, en Barcelona, esa personalidad gastronómica que es Juanito!. Yo sólo tenía 15 años, pero todavía los recuerdo y, por ello, en honor a él y a Mallorca, he aquí mi versión de ensaimada y sobrasada caramelizada. Este plato, dulce-salado, sirve igual de primero que de postre... ¡vamos de película!

Ingredientes

6 mini ensaimadas sin azúcar por encima
120 g de sobrasada
Azúcar glas al gusto

Preparación

Con mucho cuidado, abre cada ensaimada con un cuchillo y unta con sobrasada una de las partes, de manera que ésta quede bien repartida por toda la superficie. Ciérrala como si fuese un bocadillo.

A continuación, pon una sartén sin aceite al fuego, coloca en ella la ensaimada y hazla a la plancha, para que la sobrasada se derrita. Una vez esté tostadita por una cara, espolvoréala a tu gusto con azúcar glas y dale la vuelta. A continuación, échale azúcar glas también por la otra cara para que quede caramelizada por ambos lados y ya tendrás la ensaimada lista para comer.

helado rápido
de frambuesas

¡El color hecho postre!

Ingredientes

2 cajitas de frambuesas
1 yogur natural
Azúcar al gusto
Piñones, nueces y pasas
al gusto (para decorar)
Un chorrito de nata líquida

Preparación

Este postre debe elaborarse con frambuesas congeladas, por lo que si las compras frescas tendrás que meterlas en el congelador y esperar al día siguiente para ponerte a hacer el helado.

Para empezar, saca las frambuesas del congelador y, con una batidora o, mejor aún, un vaso americano, tritúralas junto con el yogur y la cantidad de azúcar que desees. Añádele un chorrito de nata líquida, según la consistencia que quieras lograr (a mayor cantidad de nata, más cremoso resultará el helado). A continuación, bátelo todo bien hasta que obtengas una pasta homogénea y cremosa. Por último, sirve el helado en cuencos de postre y decora cada ración con frutos secos por encima.

El efecto de helado en este postre se consigue gracias a la temperatura de la frambuesa congelada. Por lo tanto, es importante sacar la fruta del congelador justo en el momento en que se vaya a elaborar.

Consejo

Si este postre no va a consumirse de inmediato, es mejor guardarlo tapado en el congelador.

manzanas al vino tinto

Con tan sólo 16 años fui a Lausana (Suiza) con el colegio. En aquellos tiempos mis ídolos eran algunos futbolistas y algunos chefs. A uno de los que más admiraba era a Freddy Girardet y, sin mucho dinero en el bolsillo, decidí ir a visitar su restaurante en esta ciudad. Aún recuerdo la emoción que me produjo el simple hecho de estar allí. El poco dinero que llevaba me lo gasté en comprar su libro, y una de las recetas estrellas del mismo era esta.

Ingredientes

2 botellas de vino tinto
de calidad
La piel de un limón y la
de una naranja
3 ramas de canela
6 manzanas golden
1 boleador de manzanas
400 g de azúcar
Una pizca de sal
2 naranjas
Hojas de menta

Preparación

En un cazo, pon a hervir a fuego lento el vino con la tira de piel del limón, la de la naranja y las 3 ramas de canela. Déjalo reducir casi a la mitad del volumen.

Mientras tanto, pela las manzanas y, con la ayuda del boleador, haz tantas bolitas como puedas. Si no tienes boleador, puedes cortarlas en gajos o en dados. Una vez tengas las bolas de manzana, traspásalas a una fuente que pueda ponerse al fuego.

Añade ahora el azúcar y una pizca de sal al vino que tienes en el cazo y deja que acabe de reducir mientras se funde el azúcar.

A continuación pon la fuente con las manzanas a fuego fuerte y riégalas con la reducción de vino. Déjalo que hierva todo con el fuego al máximo hasta que la manzana absorba todo el vino como si fuera una esponja. Seguidamente, apaga el fuego y deja que se enfríe.

Para preparar el acompañamiento, pela las naranjas, córtalas en gajos y mézclalos con las bolitas de manzana. Riega ahora la fruta con un poco de la reducción de vino tinto y decora el plato con las hojas de menta fresca. Si lo prefieres, en lugar de naranja puedes servir las manzanas con helado de vainilla.

merengue con frutas

Ingredientes

1/2 piña golden

1 mango en su punto

180 g de uvas blancas

1 cajita de frambuesas

2 sobaos pasiegos

70 ml de licor de marrasquino (licor de cerezas amargas)

Zumo de 1 limón

120 g de clara de huevo

180 g de azúcar blanca

12 hojas de menta

Azúcar moreno al gusto

Anís estrellado molido al gusto

Preparación

Lo primero que tienes que hacer es pelar y cortar la piña y el mango a daditos de 1 centímetro. Corta después las uvas por la mitad y despepítalas. Coloca cada fruta por separado en un cuenco diferente y resérvalo todo en la nevera. Reserva también las frambuesas enteras.

Ahora, corta los sobaos a dados de 1,5 centímetros aproximadamente, ponlos en un bol y rocíalos con el licor de marrasquino. Resérvalos también.

A continuación harás el merengue. Para ello, divide el zumo de limón en dos. Pon el azúcar y una de las partes del zumo de limón en un cazo y caliéntalo a fuego lento. Deja que el azúcar se licúe completamente y que se funda bien con el limón, y resérvalo en caliente.

Aparte, echa las claras de huevo con la otra mitad del zumo de limón en una fuente y empieza a montarlo con la batidora. A medida que las claras vayan ligándose y aumentando de volumen, ve incorporándoles progresivamente la mezcla de azúcar y limón caliente y sin dejar de batir. Sigue montando la mezcla hasta que alcance el punto de nieve y ya tendrás preparado el merengue.

Antes de pasar a emplatar, enciende el gratinador del horno para que se vaya calentando.

* PARA ESTA RECETA NECESITARÁS UNA BATIDORA CON VARILLAS.

Para presentar el plato, saca la fruta de la nevera y distribúyela por los platos o cuencos donde vayas a servir el postre, poniendo un montoncito de cada una de las frutas en cada recipiente. Haz lo mismo con los daditos de sobao que tenías reservados. Después, reparte las hojas de menta y, finalmente, incorpora el merengue con la ayuda de una cuchara o manga pastelera. Espolvoréalo todo con un poquito de azúcar moreno por encima y mete los platos o cuencos en el horno. Gratina el postre hasta que el merengue adquiera un color dorado y saca los cuencos del horno. Para terminar, decora cada ración con el anís estrellado y lleva el postre a la mesa.

Consejo

Si dispones de un soplete ahorrarás tiempo y energía a la hora de gratinar el postre.

new york cheese cake

No dejéis de probarlo si vais a Nueva York

Ingredientes

Para la tarta:
150 g de galletas maría
90 g de mantequilla
Zumo de $1/2$ limón
500 g de queso Philadelphia
250 g de azúcar
1 vaina de vainilla Bourbon
3 huevos enteros
1 yema de huevo

Para la salsa de frambuesas:
2 cajitas de frambuesas
20 g de azúcar
1 chorrito de agua

Para la salsa de fresas:
200 g de fresas
1 yogur natural azucarado

Para la salsa de chocolate caliente:
200 g de chocolate negro
140 g de nata líquida para montar

Preparación

Antes de empezar, pon el horno a 160 °C para que se vaya calentando.

Ahora tritura las galletas hasta pulverizarlas y luego pasa esta especie de harina de galleta a un cuenco. En el microondas, derrite la mantequilla e incorpórala al cuenco. Mézclalo todo bien con una espátula (si es de plástico, mejor).

A continuación, coge el molde para la tarta, asegúrate de que esté bien cerrado y, con la ayuda de la espátula, reparte la mezcla por su superficie. Mete el molde en el horno y cuece la pasta durante 10 minutos.

Mientras tanto, en otro recipiente, mezcla bien el zumo del limón, el queso, y el azúcar con la ayuda de una batidora durante 3 minutos y luego resérvalo. Abre la vaina de vainilla practicando un corte longitudinal con la ayuda de una puntilla y, con una cucharita, extrae la pulpa e incorpórala a la mezcla que tienes reservada. Agrégale entonces los huevos y la yema y bátelo de nuevo durante 3 minutos más.

Transcurridos los 10 minutos de horneo, saca el molde y viértele la mezcla que acabas de batir. Vuelve a introducirlo en el horno y déjalo 40 minutos más.

En este tiempo, prepararás dos de las salsas tal y como se indica a continuación.

Empezarás por la de frambuesas. En un vaso americano o batidora, tritura una cajita de frambuesas con el azúcar y un chorrito de agua hasta que obtengas una salsa fina. Échala dentro del recipiente donde la vayas a servir y añádele la otra cajita de frambuesas, dejándolas enteras para darle textura a la salsa. Resérvala en la nevera.

Ahora harás la salsa de fresas. Lávalas, quítales la parte verde y córtalas en trocitos pequeños. Tritura sólo la mitad junto con el yogur y trasvasa la mezcla al recipiente donde vayas a servir la salsa. A continuación, incorpórale la otra mitad de las fresas y reserva también esta salsa en el frigorífico.

Transcurridos los 40 minutos de horneo, saca la tarta y deja que se enfríe a temperatura ambiente durante 1 hora. Métela entonces en la nevera y déjala 1 hora más. Después, sácala del frigorífico y desmóldala.

Ha llegado el momento de preparar la salsa de chocolate caliente. Para ello, con la ayuda de un cuchillo, corta el chocolate en porciones pequeñas o virutas y ponlo en un bol. Pon la nata líquida en un cazo, llévala a ebullición, viértela en el bol donde tienes el chocolate y remueve con una cuchara.

Por último, saca las salsas de la nevera y preséntalas junto con la de chocolate caliente para acompañar la tarta.

* PARA ESTA RECETA NECESITAS UN MOLDE REDONDO CON CIERRE EN EL ARO PARA QUE LA TARTA NO SE ROMPA A LA HORA DE DESMOLDAR.

orejones, albaricoques y yogur

Ingredientes

12 orejones secos
150 ml de moscatel
5 yogures griegos
3 albaricoques frescos
6 hojitas de menta

Preparación

Antes de ponerte a elaborar el postre, sumerge los orejones en el moscatel durante 2 horas.

Transcurrido este tiempo, escurre los orejones y pasa el moscatel a un cazo. Pon el cazo al fuego, lleva el moscatel a ebullición y déjalo que hierva 3 minutos. A continuación, trasvásalo a un cuenco y mételo en la nevera.

Corta ahora los orejones en daditos de 1 centímetro, mézclalos con el yogur en otro cuenco y resérvalo. Por otro lado, lava y corta los albaricoques por la mitad, quítales el hueso y haz rodajitas de 1 centímetro.

Ya sólo te queda servirlo y decorarlo. Para ello reparte la mezcla del yogur y orejones en los platos donde vayas a servirlos. Después, cúbrelos con las rodajas de
albaricoque, riégalos con el moscatel que tenías en la nevera y, finalmente, decora el postre con las hojitas de menta enteras.

pomelos con miel y maría luisa

Ingredientes

1 pomelo
Miel de romero al gusto
Hojas de maría luisa al gusto

Preparación

Pela el pomelo y, con la ayuda de una puntilla, separa los gajos. Cubre un plato con papel film y dispón los gajos sobre éste. A continuación, cúbrelos con miel y mételos en el congelador durante unos 15 minutos, procurando que no se queden totalmente congelados. Transcurrido este tiempo, sírvelos y decóralos con una hojita de maría luisa encima de cada uno.

tiramisú

¡Una historia picante y un postre muy revitalizante! Este postre, en sus comienzos, se llamó «sopa del duque» en honor al Duque de Toscana, un tipo muy goloso y amante del lujo. Con él llegó esta receta hasta Venecia, donde se convirtió en el dulce favorito de los cortesanos por sus propiedades excitantes y fue por eso el cambio de nombre, ya que en italiano Tiramisú significa, literalmente, ¡«tírame arriba»!

Ingredientes

3 tazas grandes de café espresso templado
600 g de queso mascarpone
600 ml de nata líquida para montar
100 g de azúcar
1 paquete de bizcochos duros de 400 g (a ser posible del tipo savoiardi)
Cacao en polvo al gusto

Para el sabayón:
6 yemas de huevo
20 g de azúcar
100 ml de Amareto

Preparación

Haz una cafetera de café espresso y reserva 3 tazas grandes. Vierte ahora el mascarpone en un cuenco y déjalo fuera de la nevera para que vaya adquiriendo la temperatura ambiente.

Mientras el queso se templa, harás el sabayón. Pon al fuego un cazo con agua para cocer al baño María. Pon un cuenco en el cazo y echa las yemas en su interior junto con los 20 gramos de azúcar. Bátelo bien con la ayuda de una varilla y ve

agregándole el Amareto, poco a poco y sin dejar de remover. Verás que al principio la mezcla tiene un color amarillento pero, a medida que se vaya montando y vaya cogiendo cuerpo, adquirirá un tono blancuzco. Entonces sabrás que el sabayón está en su punto y podrás sacarlo del baño María. Por último sólo te queda montar la nata. Cuando la tengas a medio montar, agrégale los 100 gramos de azúcar y termina de montarla.

Ya tienes preparados el mascarpone por un lado y el sabayón y la nata montada por otro. Ahora tendrás que mezclarlos. Para ello, haz tal y como se te indica a continuación: agrega el sabayón, que es el ingrediente más líquido, al mas-

carpone, que es el más compacto, y mézclalos bien. Cuando estén bien unidos, añádeles la nata montada, removiendo suavemente de abajo hacia arriba con una espátula de goma. Seguidamente, coloca los bizcochos en la bandeja o molde que quieras usar, de manera que la cara del bizcocho que contiene azúcar quede hacia abajo. A continuación, y con la ayuda de una cuchara para que se empapen bien, riégalos por encima con el café templado, con cuidado de que no se caiga café por la parte que está en contacto con el molde. Cúbrelos ahora con la mezcla de mascarpone, savayón y nata, espolvorea toda la superficie con cacao en polvo y ya tendrás el postre terminado. Bastará con que lo metas un mínimo de dos horas en la nevera antes de servirlo para que se compacte.

el chocolate (I)

Parece ser que la primera civilización en cultivar el theobroma cacao, árbol del que procede el chocolate, fueron los olmecas, un antiguo pueblo que habitó la zona del golfo de Veracruz, México, 3.000 años antes de Cristo.

En torno al siglo IV de esa misma era, centurias después de la desaparición de los olmecas, los mayas tomaron el relevo en el uso del cacao. Creían que el árbol del cacao, al que llamaron cacahuaquchtl, pertenecía a los dioses e incluso se pensaba que las vainas que crecían en su tronco eran regalos que los dioses hacían al hombre.

Más tarde los aztecas usaron los granos de cacao como moneda. Fueron ellos quienes enseñaron a los conquistadores españoles el fruto del cacao en forma de brebaje, una bebida a la que llamaban xocolatl.

La primera referencia que se conoce del cacao se remonta a 1502, cuando Cristóbal Colón se encontraba en Guanaja, Honduras, y un jefe indígena le obsequió con unas bayas de cacao. Con estas bayas, que empleaban como moneda de cambio, elaboraban también una extraña bebida de sabor amargo y picante que los españoles encontraron

realmente desagradable, por lo que la primera experiencia de los occidentales con el chocolate no pudo ser más desalentadora.

Pero el verdadero descubrimiento del chocolate no se produjo hasta 17 años después, cuando los aztecas esperaban la llegada de su dios bienhechor Quetzalcóatl. Pero para su desgracia no fue su visita la que recibieron, sino la de Hernán Cortés, que desembarco en las costas de México. Allí fue recibido por el rey Moctezuma, que le ofreció una bebida llamada «Txocolat», exquisita para los aztecas y no tanto para los españoles, que acabaron acostumbrándose a ella, dada la ausencia de cualquier otro líquido que no fuera agua. Esta bebida estaba compuesta de cacao con maíz molido, vainilla, pimienta, guindilla y otras especias.

Parece ser que fue a unas monjas de Oaxaca, México, a quienes se les ocurrió mezclar aquel líquido marrón y espeso con azúcar. Había nacido el chocolate tal y como lo conocemos en la actualidad, adaptado a los gustos occidentales.

el chocolate (II)

En 1828, C. J. Van Houten, un maestro chocolatero holandés, inventó la prensa de cacao, instrumento que se utilizaría para obtener la manteca de cacao, quitándole a éste su acidez y amargura tradicionales.

En Europa, el chocolate se consumía únicamente en forma líquida hasta que, en 1879, Rodolphe Lindt tuvo la idea de agregar de nuevo la manteca de cacao procesada a la mezcla. Así el chocolate podía ofrecer una textura sólida y cremosa a la vez, crocante al morderla para, acto seguido, derretirse en la boca.

Los suizos comenzaron a fabricar chocolate a mediados del siglo XIX de la mano de Daniel Peter. Hizo varios intentos de mezclarlo con leche para obtener un producto más cremoso; todos ellos, sin embargo, fallidos, ya que el agua que contenía el chocolate no permitía una emulsión uniforme. Tras 8 años de experimentos infructuosos le presentó el proyecto a un fabricante de leche evaporada de nombre Henry Nestlé, quien tuvo la idea de mezclar leche condensada azucarada con cacao, iniciando así la fama del chocolate suizo.

Esta fórmula tuvo su auge durante la Segunda Guerra Mundial, donde Milton Hershey's aplicó las técnicas de la producción en cadena a la elaboración del chocolate para proporcionar a las tropas aliadas un excelente alimento, que además ocupaba muy poco espacio al transportarlo. Terminada la contienda, el chocolate en barra se afianzó en el mercado, pues las tropas, de vuelta en casa, deseaban seguir consumiéndolo.

Entre las variedades de chocolate, encontramos:

El chocolate negro, que no es más que cacao con manteca de cacao y azúcar. Las diferentes presentaciones dependen directamente de su contenido en crema de cacao, que puede llegar hasta el 90 %.

El chocolate con leche que, como su nombre indica, es el chocolate que se ha mezclado con leche durante su preparación. Hay dos procedimientos para elaborarlo: uno, mezclándolo con leche en polvo y el otro, con leche condensada azucarada. Este último es el que perfeccionó en Suiza Henry Nestlé, a partir de una idea de Daniel Peter.

El chocolate blanco, que, además de leche, lleva azúcar y manteca de cacao, razón por la cual no tiene el color marrón característico de las bayas tostadas del cacao.

ÍNDICE ALFABÉTICO DE RECETAS